황윤하 회계원리

황윤하 회계사

새로름

머리말

회계원리를 공부하는 이유는 크게 세 가지가 있다. 경영학과 학생의 경우 학교에서 전공필수로 수강하여야 하는 회계원리에서 좋은 학점을 받기 위해 학원수업을 듣고자 할 것이다. 회계에 대한 지식이 없는 상태에서 회계와 관련된 부서에서 일을 하게 된 직장인들도 회계원리를 공부하고자 할 것이다. 마지막으로 공인회계사 시험 등 각종 회계학 시험을 준비하는 수험생들도 회계원리 수업을 통해 회계학을 처음 접하게 될 것이다.

회계원리를 수강하는 여러 가지 목적이 있을 수 있고, 목적에 따라 필요한 회계지식도 다를 수밖에 없다. 그리고 모두를 만족시키는 강의를 하기 위해서는 강의시간이 너무 길어질 수밖에 없다.

공인회계사/세무사 시험을 준비하는 입장에서는 회계실무적인 내용은 전혀 중요하지 않으며 최소한의 내용만 알고 있으면 충분하다. 오직 시험을 위한 내용만 강의하는 회계원리 강의가 수험생들이 가장 필요로 하는 강의라고 생각한다.

이 책과 이 책으로 하는 강의는 오직 회계학 시험을 준비하는 분들을 위한 것이다. 수험목적과 상관없는 회계 실무에 대한 내용은 전부 삭제하여 강의수를 대폭 줄였으며, 수험생들은 적은 시간에 앞으로 회계학을 공부하는데 필요한 기초지식들을 효율적으로 공부할 수 있을 것이다.

이 책이 나오기까지 물심양면으로 지원해 주신 모든 분들에게 감사의 말씀을 드립니다.

2023년 12월

황윤하 회계사

Contents
차 례

제1장 회계의 개념 … 2
제1절 회계와 재무제표 소개 · 2
제2절 회계의 정의와 회계정보이용자 · 5
제3절 재무회계와 관리회계 · 7
제4절 재무제표 · 8
제5절 한국채택국제회계기준 · 13

제2장 계정과 거래 … 16
제1절 회계와 재무제표 소개계정 · 16
제2절 회계상 거래 · 17
제3절 회계처리 · 20

제3장 재무제표 작성을 위한 가정 … 28
제1절 현금주의와 발생주의 · 28
제2절 발생주의 회계의 예시 · 31
제3절 계속기업의 가정과 실현 · 미실현손익 · 39

제4장 화폐의 시간가치 … 44
제1절 화폐의 시간가치 일반사항 · 44
제2절 단일 금액의 현재가치와 미래가치 계산 · 45
제3절 다기간 현금흐름의 현재가치와 미래가치 · 50
제4절 연금의 현재가치와 미래가치 · 52
제5절 화폐의 시간가치 적용 사례 · 55

제5장 현금 및 현금성자산 … 64
제1절 현금 및 현금성자산 · 64
제2절 은행계정조정표 · 68

제6장 매출채권과 대손충당금 … 72
　제1절 매출채권 · 72
　제2절 대손충당금 · 73

제7장 재고자산 … 80
　제1절 재고자산 일반사항 · 80
　제2절 매출원가의 기록방법 · 83
　제3절 원가흐름의 가정 · 88
　제4절 기말재고자산에 포함될 항목 · 95
　제5절 재고자산의 감모와 저가평가 · 99
　제6절 소매재고법 · 103
　제7절 매출총이익률법 · 106
　제8절 순매입액 계산 · 108

제8장 유형자산과 무형자산 … 112
　제1절 유형자산의 정의와 취득원가 · 112
　제2절 감가상각 · 114
　제3절 유형자산의 기중취득과 기중처분 · 120
　제4절 유형자산 손상차손 · 123
　제5절 재평가모형 · 126
　제6절 무형자산 · 128

제9장 투자지분상품 … 134
　제1절 투자지분상품의 분류 · 134
　제2절 FVPL금융자산으로 분류되는 투자지분상품 · 135
　제3절 FVOCI금융자산으로 분류되는 투자지분상품 · 138

제10장 투자채무상품 … 144

    제1절 투자채무상품의 분류 · 144
    제2절 AC금융자산 · 145
    제3절 FVOCI금융자산 · 148
    제4절 FVPL금융자산 · 150

제11장 사채 … 152

    제1절 사채의 의의 · 152
    제2절 사채의 회계처리 · 153

제12장 기타부채 … 160

    제1절 부채의 정의와 분류 · 160
    제2절 부채 유형별 회계처리 · 161

제13장 자본 … 166

    제1절 자본의 의의 · 166
    제2절 증자거래의 회계처리 · 167
    제3절 감자거래의 회계처리 · 170
    제4절 자기주식 거래 · 173
    제5절 배당 · 175
    제6절 자본변동표 · 176

제14장 수익인식 … 180

    제1절 수익인식 일반사항 · 180
    제2절 재화의 판매와 용역의 제공 · 181
    제3절 순매출 계산 · 185

제15장 재무제표 작성 … 190

　제1절 재무상태표와 포괄손익계산서 작성 ································· 190
　제2절 현금흐름표 작성 ··· 196

[부록] 현재가치와 미래가치 계산 … 203

　01 미래가치계수 ··· 204
　02 연금의 미래가치계수 ·· 205
　03 현재가치계수 ··· 206
　04 연금의 현재가치계수 ·· 207

CHAPTER

회계의 개념

제1절 | 회계와 재무제표 소개
제2절 | 회계의 정의와 회계정보이용자
제3절 | 재무회계와 관리회계
제4절 | 재무제표
제5절 | 한국채택국제회계기준

CHAPTER 01 | 회계의 개념

제1절 회계와 재무제표 소개

(1) 회계의 필요성

뉴스 등을 통하여 어떤 기업의 올해 매출액, 영업이익, 당기순이익이 얼마라는 소식을 접해본 적이 있을 것이다. 그리고 어떤 기업의 자산이 얼마, 순자산이 얼마 등등의 뉴스도 들어 본 적이 있을 것이다. 우리는 자본주의 사회에 살고 있으며 자본주의 사회를 주도해 나가는 전문성을 갖는 직업을 갖기 위해서는 위에 언급된 매출액, 당기순이익, 자산, 순자산 등등이 뜻하는 바가 무엇인지 알아야 한다. 회계는 학문적으로 다르게 정의할 수 있겠지만 가장 이해하기 쉽게 회계의 정의를 내린다면 다음과 같다.

> 회계는 매출액, 당기순이익, 자산, 순자산 등등을 정확하게 계산하고, 집계하여 이를 정보이용자에게 전달하는 과정이다.

회계는 이와 같이 기업에 대한 유용한 정보를 만드는 과정이라 할 수 있다. 회계정보는 재무제표라는 형식으로 정보이용자에게 전달된다. 현행 회계기준에 의하면 재무제표는 재무상태표, 포괄손익계산서, 자본변동표, 현금흐름표, 주석으로 구성된다. 회계원리에서는 재무제표 중 가장 중심이 되는 재무상태표와 포괄손익계산서 위주로 학습할 것이다.

(2) 재무상태표의 예시

재무상태표는 특정 시점 현재의 기업의 자산, 부채 및 자본의 잔액을 보고하는 재무제표이다. 재무상태표의 예시는 다음과 같다.

재무상태표
㈜ABC   20X1.12.31 현재

자산		부채	
현금및현금성자산	₩500	매입채무	₩600
매출채권	1,000	미지급비용	400
대손충당금	(100)	미지급금	1,000
재고자산	5,000	차입금	5,500
유형자산	4,000	부채총계	₩7,500
무형자산	700		
투자자산	1,900	자본	
		납입자본	3,000
		이익잉여금	2,500
		자본총계	₩5,500
자산총계	₩13,000	부채와자본총계	₩13,000

재무상태표를 통해 기업이 보유한 자산들의 내역과 그 금액을 확인할 수 있으며, 부채를 차감한 기업의 순자산이 얼마인지도 파악할 수 있다.

① 자산

자산은 기업이 보유한 경제적가치가 있는 자원이다. 재무상태표 예시에 제시된 자산들은 다음과 같다.

> (1) 현금및현금성자산 : 주화, 지폐 등의 통화와 통화와 유사한 성격을 갖는 자산
> (2) 매출채권 : 외상으로 재화를 판매하거나 용역을 제공하고 미래에 받을 금액
> (3) 대손충당금 : 매출채권 등 받을 금액 중에 회수가 어려울 것으로 예상되는 부분
> (4) 재고자산 : 주된 영업을 통한 판매를 위해 보유중인 자산
> (5) 유형자산 : 영업에 활용하는 물리적 실체가 있는 자산(예 : 건물, 토지, 차량운반구, 비품 등)
> (6) 무형자산 : 영업에 활용하는 물리적 실체가 없는 자산(예 : 전산시스템, OS, 특허권 등)
> (7) 투자자산 : 여유자금 운용목적으로 취득한 자산(예 : 주식, 채권, 대여금, 투자부동산)

② 부채

부채는 기업이 부담하는 빚이다. 재무상태표 예시에 제시된 부채들은 다음과 같다.

> (1) 매입채무 : 재고자산을 외상으로 산 후 미래에 지급할 금액
> (2) 미지급비용 : 지급해야 할 비용을 아직 지급하지 아니하여 미래에 지급할 금액
> (3) 미지급금 : 재고자산 이외의 자산을 외상으로 산 후 미래에 지급할 금액
> (4) 차입금 : 은행 등으로부터 차입한 금액

③ 자본

자본은 자산에서 부채를 차감한 잔액이며 순자산이라고도 불린다. 재무상태표 예시에 제시된 자본의 내역은 다음과 같다.

> (1) 납입자본 : 주주가 영업을 시작할 때 납입한 금액
> (2) 이익잉여금 : 영업활동을 통하여 추가적으로 벌어들인 금액의 누계액

(3) 포괄손익계산서의 예시

포괄손익계산서는 기업의 일정기간 동안의 수익과 비용을 통해 경영성과를 나타내는 재무제표이다. 포괄손익계산서의 예시는 다음과 같다.

포괄손익계산서

㈜ABC	20X1.1.1부터 20X1.12.31까지
매출	₩5,000
매출원가	(3,000)
매출총이익	₩2,000
판매비와관리비	(400)
영업이익	₩1,600
영업외수익	200
영업외비용	(300)
법인세비용차감전순이익	₩1,500
법인세비용	(500)
당기순이익	₩1,000

포괄손익계산서를 구성하는 각 항목의 의의는 다음과 같다.

> (1) 매출액 : 재고자산을 판매하거나 용역을 제공하고 수취한 금액
> (2) 매출원가 : 판매된 재고자산의 원가
> (3) 판매비와 관리비 : 종업원급여, 광고선전비, 임차료 등 영업과 관련된 비용
> (4) 영업외수익 : 주된 영업활동 이외의 활동에서 얻은 수익(이자수익, 배당수익, 임대료 등)
> (5) 영업외비용 : 주된 영업활동 이외의 활동에서 발생한 비용(이자비용, 기부금 등)
> (6) 법인세비용 : 기업이 벌어들인 이익에 대한 세금

포괄손익계산서를 통해 해당 기업은 ₩3,000에 취득한 재고자산을 ₩5,000에 판매하여 ₩2,000의 마진을 남겼으며, 판매관리비로 ₩400을 지출하여 ₩1,600의 영업이익을 얻었음을 알 수 있다. 또한 주된 영업활동 이외의 활동에서 수익 ₩200과 비용 ₩300이 발생하고, 법인세 ₩500 납부하여 ₩1,000의 순이익을 얻었다는 것을 알 수 있다. 회계원리에서는 재무제표에 표시될 금액들이 어떤 원리를 통해 산출되며, 어떤 과정을 거쳐 재무제표가 작성되는지에 대한 기초적인 사항들을 알아볼 것이다.

제2절 회계의 정의와 회계정보이용자

(1) 회계의 정의

경제활동을 영위하는 사람들은 수시로 자신의 재무상태를 점검하고 특정기간 동안의 수입과 지출 내역을 파악하여 재무상태가 어떻게 변동되었는지 파악하고자 한다. 이러한 개인의 재무적인 정보는 앞으로의 경제생활을 계획하는데 있어서 유용한 정보를 제공한다.

기업의 입장에서도 기업의 재무상태와 경영성과를 파악하는 것이 기업경영의 필수적인 요소이다. 기업의 재무상태와 경영성과는 수많은 이해관계자들이 필요로 하는 정보이므로 신뢰성 있고 합리적으로 측정되어야 할 것이다. 이런 점들 때문에 회계의 중요성이 강조된다. 회계의 공식적인 정의는 다음과 같다.

> 회계(accounting)란 회계정보이용자가 합리적인 판단이나 경제적 의사결정을 할 수 있도록 기업실체에 관한 경제적 정보를 식별하고 측정하여 전달하는 과정을 말한다.

이러한 경제적 정보는 재무제표를 통해 정보이용자에게 전달되며 재무제표의 작성은 회계의 가장 중요한 역할 중 하나이다.

(2) 회계정보이용자

기업을 둘러싼 수많은 이해관계자들이 회계정보를 필요로 한다. 대표적인 이해관계자는 경영자, 채권자, 주주, 정부기관, 종업원 등이 있다. 이 중 경영자를 내부정보이용자라하며, 채권자, 투자자, 정부기관 등과 같은 정보이용자를 외부정보이용자라 한다.

① 경영자

기업의 정보는 경영자가 생산하며 그 정보를 가장 많이 이용하는 경제주체이기도 하다. 경영자는 미래에 대한 목표를 설정하고 그 목표를 달성하기 위해 노력한다. 그리고 기간이 종료되면 해당 기간 동안의 실적을 집계하여 해당 기간의 성과를 평가할 것이다. 실제성과가 목표치에 미달한다면 그 원인을 분석하고 이를 해결하기 위한 노력을 하여야 하며, 목표를 달성한 경우에는 앞으로도 계속 좋은 성과가 나도록 관리할 필요가 있을 것이다. 이처럼 경영자는 기업경영을 위한 의사결정을 위해 회계정보를 필요로 한다.

② 채권자

채권자란 기업에 자금을 빌려준 개인이나 금융기관 등을 말한다. 채권자는 회계정보를 바탕으로 기업의 부채상환 능력을 파악하여 대출여부에 관한 의사결정을 하게 될 것이다. 또한 지속적으로 회계정보를 파악하여 채권의 회수가능성을 파악할 수 있을 것이다.

③ 투자자

투자자는 기업이 발행한 지분증권(주식)에 투자한 자로서 소유주 또는 주주라고도 한다. 투자자는 경영성과에 따라 배당을 받거나, 주가가 상승한 경우 이를 매각하여 시세차익을 얻을 수 있다. 투자자들은 자신이 보유한 제한된 자원을 여러 가지 투자안에 합리적으로 배분하여 투자수익 극대화를 추구하게 되며, 이러한 의사결정을 위해 회계정보가 필요하다. 투자자는 현재의 투자자와 잠재적 투자자로 구분할 수 있다. 현재의 투자자는 주식을 보유하고 있는 자이고 잠재적 투자자는 아직 주식을 취득하지는 않았지만 미래에 주식을 취득할 가능성이 있는 자를 말한다. 현재의 투자자들은 회계정보를 참고하여 주식을 추가로 취득할지 또는 처분할 것인지에 대한 의사를 결정한다. 잠재적 투자자들은 어떤 기업의 주식을 언제, 얼마만큼 취득할 것인가에 대한 의사결정을 할 때 회계정보를 이용할 수 있다.

④ 정부기관

정부기관은 기업들이 제공한 회계정보를 토대로 경제정책을 수립하거나 기업을 규제하는 정책을 입안하기도 한다. 정부기관이 물가정책이나 기업경쟁력 제고를 위한 정책을 수립할 때에도 기업이 작성한 회계정보를 참고할 수 있으며, 독과점 규제나 정부의 조달가격을 결정하기 위해서도 회계정보를 활용하기도 한다. 금융감독원같은 감독기관은 투자자와 채권자를 보호하기 위해 기업이 제반 법규를 준수하는지 감독하기 위해 회계정보를 활용할 수 있다. 세무당국은 법인이 적절한 법인세를 납부했는지 판단하기 위해 회계정보를 활용한다.

⑤ 종업원

종업원들은 회사의 회계정보를 통해 회사의 상태를 파악하고 이직이나 임금 협상등의 의사결정에 반영할 수 있다. 또한 잠재적인 종업원들도 직장을 선택하는 과정에서 회계정보를 이용할 수 있다.

(3) 회계의 사회적 기능

재무회계를 통해 전달된 정보를 통해 외부정보이용자는 자원을 더욱 효과적으로 사용하는 기업에게 투자를 할 것이며, 이는 사회 전체적으로 자원의 효율적 배분을 이룰 수 있게 한다. 또한 회사의 경영자는 재무회계를 통해 자신의 수탁책임 이행여부를 보고하여 정보 불균형을 해소 할 수 있다.

(4) 재무제표 작성 책임

재무제표의 작성책임은 회사의 경영자에게 있다. 재무제표 작성 실무를 담당하는 직원은 따로 있지만 해당 직원들은 경영자를 대리하여 재무제표를 작성하는 것이며 재무제표 작성에 대한 최종 승인은 경영자가 한다. 따라서 재무제표 작성 책임자는 회사의 경영자이다.

제3절 재무회계와 관리회계

(1) 재무회계와 관리회계의 차이

일반적으로 회계는 외부 혹은 내부이해관계자 중 누구를 대상으로 정보를 제공하는지에 따라 재무회계와 관리회계로 구분한다. 투자자나 채권자와 같은 기업 외부의 이해관계자들의 의사결정에 유용한 정보를 제공하기 위한 회계분야를 재무회계라고 하며, 기업 내부의 이해관계자인 경영자의 합리적인 의사결정을 위한 회계정보를 제공하는 회계분야를 관리회계라 한다.

(2) 재무회계

재무회계(financial accounting)는 기업 외부의 정보이용자가 합리적인 의사결정을 하는 데 유용한 정보를 제공하는 것을 목적으로 한다. 재무회계의 주된 정보이용자는 기업 외부의 정보이용자들이며 외부정보이용자는 채권자, 투자자, 정부기관 등 매우 다양하다. 기업은 정보이용자들의 공통적인 욕구를 충족시킬 수 있는 객관적인 정보를 제공해야 한다. 기업이 외부정보이용자들에게 객관적인 정보를 제공하기 위해서는 일정한 기준이나 원칙이 필요하며 이것을 회계학에서는 "일반적으로 인정된 회계원칙(generally accepted accounting principles, GAAP)"이라고 한다. 기업은 일반적으로 인정된 회계원칙을 바탕으로 다양한 외부정보이용자들이 공통적으로 이해할 수 있는 일정한 형식을 갖춘 재무정보를 제공한다.

(3) 관리회계

관리회계(managerial accounting)는 기업 내부의 경영자가 기업의 가치를 극대화하기 위해 합리적인 의사결정을 할 수 있도록 유용한 정보를 제공하는 회계분야이다. 관리회계와 재무회계의 가장 중요한 차이점은 재무회계의 정보이용자는 외부정보이용자들이지만 관리회계의 정보이용자는 내부정보이용자들이라는 점이다. 관리회계는 경영자의 의사결정에 유용한 정보를 제공하는 회계이므로 재무회계에서 준거하고 있는 일반적으로 인정된 회계원칙과 관계없이 다양한 형태의 정보를 제공한다. 따라서 관리회계에서 제공하는 정보는 일정한 형식이 없는 것이 특징이다.

[표 1-1] 재무회계와 관리회계의 차이

	재무회계	관리회계
목 적	외부보고목적	내부보고목적
정보이용자	외부이용자(주주, 채권자 등)	내부이용자(경영자)
보고수단	재무제표	정해진 양식 없음
정보의 내용	과거의 성과 집계	미래의 성과 예측
준거기준	일반적으로 인정된 회계원칙	일반적인 준거기준 없음

제4절 재무제표

(1) 재무제표의 구성

다수의 외부정보이용자에게 유용한 회계정보를 제공하기 위해서는 회계정보는 일정한 양식을 갖추어야한다. 회계정보는 재무제표라는 양식을 통해 정보이용자들에게 제공된다. 재무제표는 재무상태표, 포괄손익계산서, 자본변동표, 현금흐름표, 주석으로 구성되며, 이 중 가장 기본이 되며 중요한 재무제표는 재무상태표와 포괄손익계산서이다.

(2) 재무상태표

재무상태표(statement of financial position)는 특정 시점 현재 기업의 자산, 부채 및 자본의 잔액을 보고하는 재무제표이다. 자산, 부채 및 자본의 정의는 다음과 같다.

---
(1) 자산(assets)
자산은 기업이 소유권(법적소유권 또는 실질소유권)을 가지고 지배하면서 미래 경제적 효익을 얻을 수 있는 자원을 말한다. 자산의 예로는 현금, 매출채권, 재고자산, 건물, 토지, 기계장치, 투자주식, 소프트웨어 등을 들 수 있다.

(2) 부채(liabilities)
부채는 기업이 경영활동을 수행하는 과정에서 미래에 현금을 지급하거나 재화 또는 서비스 등을 제공해야하는 의무를 의미한다. 은행차입금, 외상매입대금 등이 부채의 예로 들 수 있다.

(3) 자본(equity)
자본이란 자산에서 부채를 차감한 금액으로 순자산(net asset), 잔여지분(residual interest), 소유주지분(owners' equity)등으로도 불린다.

예를 들어 어떤 사람의 자산이 현금 ₩10억, 아파트 ₩20억이 있고, 대출금은 ₩15억이 있다고 가정하자. 이 사람의 자산은 총 ₩30억(현금 ₩10억, 아파트 ₩20억)이며, 부채는 ₩15억, 자본(순자산)은 ₩15억이다. 이를 간략하게 재무상태표로 나타내면 다음과 같다.

〈재무상태표〉

자산 ₩30억	부채 ₩15억
	자본 ₩15억

이와 같이 자산이란 특정시점의 경제적 가치를 가지는 유무형의 재산의 총계를 의미하며, 부채는 특정시점의 경제적 의무를 의미한다. 자본은 자산에서 부채를 차감한 잔액이다. 따라서 부채와 자본의 합계는 항상 자산과 일치한다.

재무상태표의 왼쪽부분(차변)은 기업의 재산상태를 나타내며 오른쪽부분(대변)은 그 자산에 대한 출처와 권리의 귀속을 나타낸다고 볼 수 있다. 부채는 타인의 자금을 사용한 부분으로 전체의 자산 중 타인이 권리를 가지는 부분을 의미하며, 자본은 타인에게 지급하고 남은 순수한 본인의 순자산을 의미한다.

(3) 포괄손익계산서

포괄손익계산서(comprehensive income statement)는 기업의 일정기간동안의 수익과 비용을 통해 경영성과를 나타내는 재무제표이다. 수익과 비용의 정의는 다음과 같다.

---

(1) 수익(incomes)
수익은 기업이 영업활동을 통해 재화나 서비스 등을 제공하여 번 돈을 의미한다. 재고자산을 판매하고 발생한 매출액, 부동산을 임대하고 수취한 임대료, 서비스를 제공하고 받은 수수료 등이 수익에 해당한다. 일반적으로 이러한 수익이 발생하면 현금 등의 자산이 증가하며 자본(순자산)도 같은 금액 증가한다.

(2) 비용(expenses)
비용은 기업을 수익을 창출하는 과정에서 소비한 경제적 자원을 의미한다. 판매한 상품의 원가, 종업원에 대한 급여, 건물을 임차하고 지불한 임차료 등이 비용에 해당한다. 비용 발생시 현금 등의 자산이 감소하며 같은 금액만큼 자본(순자산)도 감소한다.

(4) 재무상태표와 포괄손익계산서의 관계

투자자로 부터 ₩100,000을 출자 받고 은행에서 ₩200,000을 대출받아 영업을 시작한 기업이 있다고 가정한다. 영업개시 시점의 재무상태표는 다음과 같다.

〈영업개시 시점의 재무상태표〉

현금	300,000	차입금	200,000
		납입자본	100,000

해당 기업이 현금 ₩300,000을 지출하여 기계장치를 구입하였다. 기계장치 구입 직후의 재무상태표는 다음과 같다.

〈기계장치 취득 직후의 재무상태표〉

기계장치	300,000	차입금	200,000
		납입자본	100,000

기계장치를 사용하여 1년 동안 현금매출 ₩100,000 발생하고 각종 비용으로 ₩70,000 지출하여 현금이 ₩30,000 증가하였다고 가정한다. 이 경우 1년 동안의 대략적인 손익계산서는 다음과 같다.

〈첫해 손익계산서〉

수익	100,000
비용	(70,000)
이익	30,000

1년 후 시점의 재무상태표는 다음과 같다.

〈1년 후의 재무상태표〉

기계장치	300,000	차입금	200,000
현금	30,000		
		납입자본	100,000
		이익잉여금	30,000

1년 동안 자산과 자본이 각각 ₩30,000 증가하였다. (자본 중 이익잉여금이란 영업활동을 통해 증가한 순자산의 증가분을 의미한다.) 이 금액은 1년 동안의 영업활동으로 인한 순이익과 일치한다. 영업개시 시점과 1년 후 시점의 재무상태표를 통해 각 시점의 재무상태에 대한 정보를 확인할

수 있으며, 포괄손익계산서를 통해 두 시점간의 자본의 변동(이익잉여금 ₩30,000 증가) 원인이 순이익 ₩30,000 때문이라는 것을 알 수 있다.

이처럼 재무상태표는 특정시점 재무상태에 대한 정보를 제공하며 손익계산서는 두 시점 사이의 재무상태 변동 원인이 되는 수익과 비용에 대한 정보를 제공한다.

(5) 자본변동표

자본변동표(statement of changes in equity)는 일정 기간 동안 기업실체의 자본의 크기와 변동에 관한 정보를 나타내는 재무보고서이다. 재무상태표상 자본은 여러 가지 항목으로 세분화해서 기록되며, 자본변동표를 통해 자본 구성요소들의 1년 동안의 증감내역을 파악할 수 있다.

(6) 현금흐름표

현금흐름표(statement of cash flow)는 일정 기간 동안 현금 및 현금성자산의 증감내역을 활동별로 (영업활동, 투자활동, 재무활동) 구분하여 보고하는 재무보고서이다. 정보이용자는 현금흐름표를 통해 기업의 현금 창출 능력, 미래현금흐름 예측 등의 유용한 정보를 얻을 수 있다.

(7) 주석

주석은 재무제표 각 계정 중 중요한 항목에 대해 더욱 자세한 정보를 제공한다. 예를 들어 유형자산의 경우 재무상태표를 통해 기초와 기말 잔액만을 확인할 수 있으나 주석을 자산의 상세한 내역, 기중 취득 및 처분 등에 대한 추가적인 정보를 얻을 수 있다. 또한 정보이용자 의사결정에 유용한 비재무적정보도 주석에 포함될 수 있다.

예제 1-1 | 회계의 개념

※ 다음 빈 칸에 알맞은 용어를 넣으시오.

(1) (   )란 정보이용자가 합리적인 판단이나 경제적 의사결정을 할 수 있도록 기업실체에 관한 경제적정보를 식별하고 측정하여 전달하는 과정을 말한다.

(2) 회계정보의 이용자는 다양하다. 경영자와 같은 (   )도 있고 채권자, 투자자, 정부기관과 같은 (   )도 있다.

(3) (   )는 특정 시점의 기업의 자산, 부채 및 자본의 잔액을 보고하는 재무제표이다.

(4) (   )은 기업이 소유권을 가지고 지배하면서 미래에 경제적 효익을 얻을 수 있는 자원을 말한다.

(5) (   )는 기업이 경영활동을 수행하는 과정에서 미래에 현금을 지급하거나 서비스 등을 제공해야 하는 의무를 말한다.

(6) (   )은 자산에서 부채를 차감한 금액으로 순자산 등으로도 불린다.

(7) 자산 = (   ) + (   )

(8) (   )는 일정기간 동안의 수익과 비용을 통해 기업의 경영성과를 타나내는 재무제표이다.

(9) 자본은 크게 납입자본과 (   )으로 분류할 수 있다.

예제 1-1 | 풀이

(1) 회계
(2) 내부정보이용자. 외부정보이용자
(3) 재무상태표
(4) 자산
(5) 부채
(6) 자본
(7) 부채, 자본
(8) 포괄손익계산서
(9) 이익잉여금

제5절 한국채택국제회계기준

(1) 국제회계기준의 등장 배경

오늘날 세계경제가 개방화되고 다국적 기업의 출현 등으로 다양한 국가에 있는 기업들의 회계정보의 필요성이 커지고 있다. 기업들이 서로 동일한 회계원칙을 적용하여 재무제표를 작성한다면 그렇지 못한 경우보다 더욱 유용한 회계정보를 생산할 수 있다. 이에 따라 전세계적인 회계기준 통일을 위한 노력이 있었으며, 이러한 노력의 결과로 국제회계기준(International Financial Report Standards, IFRS)이 등장하였다.

(2) 우리나라의 국제회계기준 도입

2011년부터 우리나라의 상장법인들은 한국채택국제회계기준을 적용하여 재무보고를 하고 있다. (비상장기업은 일반기업회계기준을 적용한다.) 또한 대부분의 회계학시험은 한국채택국제회계기준으로 출제되므로 본서 및 추후 공부할 재무회계 교재에서는 한국채택국제회계기준을 중심으로 논의를 진행할 것이다.

> **참고자료** | 국제회계기준과 한국채택국제회계기준
>
> 국제회계기준(IFRS)은 영문으로 작성된 원문이고, 한국채택국제회계기준(KIFRS)은 국제회계기준의 한글 번역본이다. 따라서 한국채택국제회계기준을 따르는 것은 국제회계기준을 따르는 것이라 할 수 있다.

(3) 국제회계기준 도입으로 인한 장점

국제회계기준 도입 이전에는 서로 다른 국가에 있는 기업들은 서로 다른 회계기준을 적용함으로써 재무제표간 비교가능성이 떨어지는 문제점이 있었다. 국제회계기준 도입으로 인하여 이러한 기업들이 동일한 회계기준을 적용하게 되어 재무제표의 비교가능성이 증대되었다. 또한 우리나라 기업들은 국제회계기준을 도입함으로써 회계정보의 신뢰성을 향상시키고, 다른 나라로부터의 자금조달이 용이해지며 차입원가를 절감할 수 있게 되었다.

(4) 한국채택국제회계기준의 특징

한국채택국제회계기준의 주요 특징은 다음과 같다.

① 원칙중심의 회계기준

기존의 회계기준들은 규칙중심의 회계기준이었으나 국제회계기준은 원칙중심의 회계기준이다. 즉, 국제회계기준은 세부적인 회계처리지침을 제시하기보다는 정보제공자가 경제적 실질에 기초하여 합리적으로 회계처리를 할 수 있도록 회계처리의 원칙을 제시하고 있다.

② 연결재무제표 중심

국제회계기준은 종속회사가 있는 경우 경제적 실질에 따라 지배회사와 종속회사의 재무제표를 통합하여 보고하는 연결재무제표를 기본재무제표로 제시하고 있다. 반면, 예전 기업회계기준에서는 별도재무제표를 기본재무제표로 제시했었다.

③ 포괄손익계산 방식

기존 회계기준에서의 손익계산서에서는 당기순손익을 보고하였으나, 국제회계기준에서는 미실현 이익의 성격을 갖는 기타포괄손익도 손익계산서의 구성요소에 포함시키도록 하고 있다.

④ 공정가치 평가중심

기존의 회계기준은 자산과 부채에 대한 평가는 역사적원가 중심이었으나 국제회계기준에서는 자산과 부채를 공정가치로 측정하는 것을 원칙으로 하고 있다. 공정가치 중심의 회계처리는 역사적원가 중심의 회계처리에 비하여 신뢰성은 감소 할 수 있으나 목적적합성이 증대된다는 장점이 있다.

CHAPTER

계정과 거래

제1절 | 회계와 재무제표 소개계정
제2절 | 회계상 거래
제3절 | 회계처리

CHAPTER 02 | 계정과 거래

제1절 회계와 재무제표 소개계정

(1) 계정의 의의

계정이란 자산, 부채, 자본, 수익, 비용에 해당하는 여러 항목을 구분하여 기록하는 단위이다. 재무제표에는 수많은 계정이 등장하며 각각의 계정이 의미하는 바를 알아야 재무제표 작성과 해석이 가능하다.

계정의 명칭은 회계기준 등을 통해 정해진 바는 없지만 정보이용자가 쉽게 이해할 수 있고 동종업계 다른 기업들과 유사한 계정명칭을 쓰는 것이 바람직하다. 또한 발생빈도가 많고 금액이 크고 중요한 항목은 계정을 세분화해서 관리하고, 발생빈도가 작고 금액이 작은 항목은 계정을 하나로 합쳐서 관리하는 것이 바람직하다.

(2) 계정의 예시

자산, 부채, 자본, 수익, 비용 각 항목별 계정과목의 예는 다음과 같다.

〈재무상태표 계정〉
(1) 자산계정 : 현금, 매출채권, 재고자산, 토지, 건물, 차량운반구, 비품, 기계장치 등
(2) 부채계정 : 매입채무, 미지급금, 차입금 등
(3) 자본계정 : 납입자본, 이익잉여금 등

〈포괄손익계산서 계정〉
(1) 수익계정 : 매출, 이자수익, 임대료 등
(2) 비용계정 : 매출원가, 이자비용, 급여, 복리후생비, 임차료 등

제2절 회계상 거래

(1) 거래의 의의

회계의 가장 중요한 역할은 기업이 영업활동을 수행하면서 발생하는 자산, 부채, 자본의 변동을 기록하고 이를 바탕으로 재무제표를 작성하는 것이다. 회사의 재무제표에 영향을 미치는 사건을 거래(transaction)라 한다. 거래는 적절한 계정과목을 사용하여 기록해야 하고, 이 기록을 바탕으로 재무제표를 작성한다. 회계상 거래의 특징은 자산, 부채, 자본의 변동을 금액으로 표시할 수 있다는 점이다. 따라서 아무리 중요한 사건이라 할지라도 금액으로 표시할 수 없다면 거래가 될 수 없다. 예를 들어 회사의 경영자가 불미스러운 일로 구속되는 사건이 발생했다고 가정하자. 회사에게 있어서 매우 중요한 사건이지만 회계상 거래는 아니다.

(2) 거래가 재무제표에 미치는 영향

회계상 거래는 자산, 부채, 자본에 영향을 미치며 일부의 거래는 수익과 비용에도 영향을 미친다. 다음의 예를 통해 각각의 거래가 재무상태표와 포괄손익계산서에 어떤 영향을 미치게 되는지 알아보자.

〈거래 1〉 주주가 ₩100,000을 출자하고, 은행에서 ₩200,000을 차입하여 영업시작

주주가 출자한 금액만큼 현금이 유입되며 납입자본이 증가한다. 또한 은행에서 차입한 금액만큼 현금이 유입되며 동일한 금액의 부채가 증가한다.

〈재무상태표〉				〈포괄손익계산서〉	
자산		부채		수익	
현금	300,000	차입금	200,000		
				비용	
		자본			
		납입자본	100,000	당기순이익	

〈거래 2〉 현금 ₩200,000을 지급하여 기계장치 구입

해당 거래를 통해 현금 ₩200,000 감소하며, 동 금액만큼 기계장치라는 자산이 증가한다.

〈재무상태표〉				〈포괄손익계산서〉	
자산		부채		수익	
현금	100,000	차입금	200,000		
기계장치	200,000			비용	
		자본			
		납입자본	100,000		
				당기순이익	

〈거래 3〉 영업활동을 통해 현금매출 ₩100,000 발생

해당 거래를 통해 현금 ₩100,000이 증가하며, 자본(이익잉여금)이 동일한 금액 증가한다. 또한 이는 영업활동으로 인한 자본의 증가이므로 포괄손익계산서에 수익으로 집계된다.

〈재무상태표〉				〈포괄손익계산서〉	
자산		부채		수익	
현금	200,000	차입금	200,000	매출	100,000
기계장치	200,000			비용	
		자본			
		납입자본	100,000		
		이익잉여금	100,000	당기순이익	100,000

〈거래 4〉 직원에게 급여 ₩50,000 지급

해당거래로 인하여 현금 ₩50,000 감소하고 동 금액만큼 자본(이익잉여금)이 감소한다. 영업활동으로 인한 자본의 감소는 비용으로 포괄손익계산서에 집계된다.

〈재무상태표〉				〈포괄손익계산서〉	
자산		부채		수익	
현금	150,000	차입금	200,000	매출	100,000
기계장치	200,000				
				비용	
		자본		급여	(50,000)
		납입자본	100,000		
		이익잉여금	50,000	당기순이익	50,000

⟨거래 5⟩ **차입금 ₩100,000 상환**

해당거래로 인하여 현금 ₩100,000 감소하며, 동 금액만큼 차입금이 감소한다.

⟨재무상태표⟩				⟨포괄손익계산서⟩	
자산		부채		수익	
현금	50,000	차입금	100,000	매출	100,000
기계장치	200,000				
				비용	
		자본		급여	(50,000)
		납입자본	100,000		
		이익잉여금	50,000	당기순이익	50,000

제3절 회계처리

(1) 회계처리의 의의

기업이 영업활동을 하는 과정에서는 수많은 거래가 발생하며 위의 사례처럼 거래가 발생할 때마다 실시간으로 재무상태표와 포괄손익계산서에 반영하는 것은 불가능하다. 따라서 1년 동안 이러한 거래들을 기록해 두었다가 연말 재무제표를 작성하는 시점에 이러한 거래들을 한 번에 반영하여 재무제표를 작성한다. 이와 같이 거래를 기록하는 것을 회계처리 또는 분개라고 한다.

(2) 회계처리 방법

재무상태표상 자산이 위치한 왼쪽 부분을 차변이라고 하며, 부채와 자본이 위치한 오른쪽 부분을 대변이라고 한다. 거래를 기록하는 분개도 차변과 대변을 나누어 기록한다.

차변이 증가하거나 대변이 감소하는 거래는 차변에 기록하고, 대변이 증가하거나 차변이 감소하는 거래는 대변에 기록한다.

[표 2-1] 회계처리 방법

차변	대변
자산의 증가	부채, 자본의 증가
부채, 자본의 감소	자산의 감소
비용	수익

위의 예시에 있는 5개의 거래를 분개하면 다음과 같다.

〈거래 1〉 주주가 ₩100,000을 출자하고, 은행에서 ₩200,000을 차입하여 영업시작

| (차) | 현금 | 300,000 | (대) | 차입금 | 200,000 |
| | | | | 납입자본 | 100,000 |

〈거래 2〉 현금 ₩200,000을 지급하여 기계장치 구입

| (차) | 기계장치 | 200,000 | (대) | 현금 | 200,000 |

〈거래 3〉 영업활동을 통해 현금매출 ₩100,000 발생

| (차) | 현금 | 100,000 | (대) | 매출 | 100,000 |

〈거래 4〉 직원에게 급여 ₩50,000 지급

| (차) | 급여 | 50,000 | (대) | 현금 | 50,000 |

〈거래 5〉 차입금 ₩100,000 상환

| (차) | 차입금 | 100,000 | (대) | 현금 | 100,000 |

(3) 회계처리 결과의 특징

위의 회계처리들을 통해 다음과 같은 사실을 알 수 있다.

① 회계처리의 차변과 대변의 금액은 언제나 일치한다.

회계상 거래는 차변요소와 대변요소에 동시에 영향을 미치며, 차변과 대변 양쪽에 기록되는 화폐금액은 언제나 일치한다. 이와 같은 특징을 거래의 이중성(dual effects of accounting)이라 한다. 거래의 이중성에 따라 모든 거래를 원인과 결과로 나누어 이중으로 기록하는 방법을 복식부기(double entry book keeping)라 한다.

② 수익, 비용과 이익잉여금

수익, 비용이 발생하여 이익잉여금이 변한 경우, 이익잉여금으로 분개를 하지 않고 수익, 비용 계정으로 회계처리한다. 이는 포괄손익계산서에 수익과 비용의 내역을 나타내기 위함이다. 수익과 비용이 집계되어 순이익이 계산되면 동 금액만큼 이익잉여금이 증가한다.

(4) 부기와 회계

부기(book keeping)는 회계의 일부분으로 거래를 기록, 계산, 정리하여 회계기록이나 보고서를 작성하는 기술을 의미한다. 회계는 부기를 포함하는 개념이며, 회계정보이용자가 합리적인 판단이나 경제적 의사결정을 할 수 있도록 기업실체에 관한 경제적 정보를 식별하고 측정하여 전달하는 과정을 말한다.

예제 2-1 | 회계처리와 재무제표

다음의 제시된 사건들이 회계상 거래인지 판단하시오. 회계상 거래에 해당한다면 회계처리하고 재무상태표와 포괄손익계산서에 미치는 영향을 표시하시오.

(예시) 투자자로부터 현금 ₩200,000을 출자받아 영업을 시작하였다.

(차) 현금 200,000 (대) 납입자본 200,000

〈재무상태표〉

자산		부채	
현금	200,000		
		자본	
		납입자본	200,000

〈포괄손익계산서〉

수익

비용

당기순이익

(1) 은행에서 현금 ₩100,000을 차입하였다.
(2) 직원 2명을 월급여 ₩10,000을 지급하기로 하고 채용하였다.
(3) 현금 ₩80,000을 지급하고 기계장치를 취득하였다.
(4) 용역을 제공하고 용역에 대한 대가 ₩40,000을 수취하였다.
(5) 용역을 제공하고 용역에 대한 대가 ₩50,000은 나중에 받기로 하였다.
(6) 투자자로부터 ₩200,000을 추가로 투자받기로 합의하였다.
(7) 외상으로 제공한 용역의 대가 ₩50,000을 현금으로 회수하였다.
(8) 임차료 ₩8,000을 지급하였다.
(9) 은행에 차입금 ₩20,000을 상환하였다.
(10) 직원들에게 급여 ₩20,000을 지급하였다.

예제 2-1 | 풀이

(1) 은행에서 현금 ₩100,000을 차입하였다.

| (차) 현금 | 100,000 | (대) 차입금 | 100,000 |

〈재무상태표〉

자산		부채	
현금	100,000	차입금	100,000
		자본	

〈포괄손익계산서〉

수익

비용

당기순이익

(2) 직원 2명을 월급여 ₩10,000을 지급하기로 하고 채용하였다.

회계상 거래 아님

(3) 현금 ₩80,000을 지급하고 기계장치를 취득하였다.

| (차) 기계장치 | 80,000 | (대) 현금 | 80,000 |

〈재무상태표〉

자산		부채	
현금	(80,000)		
기계장치	80,000		
		자본	

〈포괄손익계산서〉

수익

비용

당기순이익

(4) 용역을 제공하고 용역에 대한 대가 ₩40,000을 수취하였다.

(차) 현금　　　　　　　　　　40,000　(대) 매출　　　　　　　　　40,000

〈재무상태표〉　　　　　　　　　　　　〈포괄손익계산서〉

자산		부채		수익	
현금	40,000			매출	40,000
				비용	
		자본			
		이익잉여금	40,000	당기순이익	40,000

(5) 용역을 제공하고 용역에 대한 대가 ₩50,000은 나중에 받기로 하였다.

(차) 매출채권　　　　　　　　50,000　(대) 매출　　　　　　　　　50,000

〈재무상태표〉　　　　　　　　　　　　〈포괄손익계산서〉

자산		부채		수익	
매출채권	50,000			매출	50,000
				비용	
		자본			
		이익잉여금	50,000	당기순이익	50,000

(6) 투자자로부터 ₩200,000을 추가로 투자받기로 합의하였다.

　　　　　　　　　　　　　　회계상 거래 아님

(7) 외상으로 제공한 용역의 대가 ₩50,000을 현금으로 회수하였다.

(차) 현금 50,000 (대) 매출채권 50,000

〈재무상태표〉　　　　　　　　　　〈포괄손익계산서〉

자산		부채		수익	
현금	50,000				
매출채권	(50,000)			비용	
		자본			
				당기순이익	

(8) 임차료 ₩8,000을 지급하였다.

(차) 임차료 8,000 (대) 현금 8,000

〈재무상태표〉　　　　　　　　　　〈포괄손익계산서〉

자산		부채		수익	
현금	(8,000)				
				비용	
				임차료	(8,000)
		자본			
		이익잉여금	(8,000)	당기순이익	(8,000)

(9) 은행에 차입금 ₩20,000을 상환하였다.

(차) 차입금　　　　　　　　　20,000　(대) 현금　　　　　　　　　20,000

〈재무상태표〉　　　　　　　　　　　　〈포괄손익계산서〉

자산		부채		수익	
현금	(20,000)	차입금	(20,000)		
		자본		비용	
				당기순이익	

(10) 직원들에게 급여 ₩20,000을 지급하였다.

(차) 급여　　　　　　　　　　20,000　(대) 현금　　　　　　　　　20,000

〈재무상태표〉　　　　　　　　　　　　〈포괄손익계산서〉

자산				수익	
현금	(20,000)				
		자본		비용	
		이익잉여금	(20,000)	급여	(20,000)
				당기순이익	(20,000)

CHAPTER

재무제표 작성을 위한 가정

제1절 | 현금주의와 발생주의
제2절 | 발생주의 회계의 예시
제3절 | 계속기업의 가정과 실현·미실현손익

CHAPTER 03 | 재무제표 작성을 위한 가정

제1절 현금주의와 발생주의

(1) 현금주의

20X1년 초 ₩9,000,000짜리 영업용 차량을 구입하여 3년간 매년 ₩5,000,000의 수입을 올렸다고 가정하자. 현금의 유입을 수익, 현금의 지출을 비용이라고 가정한다면 3년간의 손익은 다음과 같다.

	20X1년	20X2년	20X3년
수익	₩5,000,000	₩5,000,000	₩5,000,000
비용	(9,000,000)		
이익	(₩4,000,000)	₩5,000,000	₩5,000,000

이처럼 현금의 유출입을 바탕으로 수익과 비용을 인식하는 방법을 현금주의라한다. 현금주의에 따른 손익을 바탕으로 경영성과를 분석하면 영업 첫해에 ₩4,000,000의 적자가 발생하였고, 2,3년차에는 경영성과가 좋아져 각각 ₩5,000,000의 이익이 발생하였다고 파악된다. 하지만 첫해 영업용차량 구입하고 2,3년차에는 첫해에 구입한 영업용차량을 그대로 사용한 것이므로 현금주의에 따라 첫해에 ₩9,000,000의 비용을 집계하게 되면 3년간의 경영성과를 왜곡표시하게 된다.

(2) 발생주의

첫해 지출한 ₩9,000,000이 첫해 뿐만 아니라 2,3년차에도 수익을 발생시켰으므로 ₩9,000,000의 비용은 첫해에 모두 인식하지 말고 수익을 발생시킨 기간에 걸쳐 나누어 인식하면 다음과 같다.

	20X1년	20X2년	20X3년
수익	₩5,000,000	₩5,000,000	₩5,000,000
비용	(3,000,000)	(3,000,000)	(3,000,000)
이익	₩2,000,000	₩2,000,000	₩2,000,000

이처럼 수익과 비용을 현금유출입 시점이 아닌 수익과 비용을 발생시키는 거래나 사건이 발생한 시점에 집계하는 방법을 발생주의라 한다. 이러한 발생주의 회계를 통해 경영성과를 합리적으로 표시할 수 있다.

예제 3-1 | 발생주의에 의한 수익비용의 배분

다음 사례별로 수익과 비용을 발생주의에 따라 각 기간에 배분하시오.

〈사례 1〉 20X1년 7월 1일 1년치 임차료 ₩1,200,000을 선불로 지급하고 20X2년 6월 30일까지 건물을 사용하였다.

〈사례 2〉 20X1년 초 기계장치를 ₩800,000에 취득하여 4년간 사용하였다.

〈사례 3〉 20X1년 11월 1일 거래처에 자금을 대여해주고 20X2년 10월 31일 이자 ₩60,000을 수취하였다.

〈사례 4〉 20X1년 중 원가 ₩100짜리 상품을 10개 매입하였다. 20X1년에 8개를 판매하고, 20X2년에 2개를 판매하였다.

예제 3-1 | 풀이

〈사례 1〉

	20X1	20X2
	7/1	6/30
현금지출	1,200,000	
임차료	600,000	600,000

매월 임차료는 ₩100,000이며 20X1년에 6개월, 20X2년에 6개월 사용하였으므로 매년 ₩600,000의 비용을 인식한다.

〈사례 2〉

	20X1	20X2	20X3	20X4
현금지출	800,000			
감가상각비	200,000	200,000	200,000	200,000

₩800,000짜리 기계장치를 4년동안 사용하였으므로 20X1년부터 20X4년까지 매년 인식할 비용은 ₩200,000이다.

⟨사례 3⟩

	20X1	20X2
현금유입		60,000
이자수익	10,000	50,000

20X1년에 빌려준 기간이 2개월, 20X2년에 10개월이므로 20X1년의 이자수익은 ₩10,000, 20X2년의 이자수익은 ₩50,000이다.

⟨사례 4⟩

	20X1	20X2
현금지출	1,000	
매출원가	800	200

20X1년에 8개를 판매하였으므로 인식하여야할 원가는 ₩800이다. 20X2년에는 2개를 판매하였으므로 ₩200의 매출원가를 인식한다.

제2절 발생주의 회계의 예시

(1) 유형자산과 감가상각비

기업은 기계장치 등의 유형자산을 여러 해에 걸쳐 사용하여 수익을 창출한다. 기업이 기계장치를 20X1년 초 현금 ₩1,000,000에 구입하여 5년 동안 사용한 후 폐기처분했다고 가정하자. 기계장치를 구입하여 5년 동안 활용하는 활동을 발생주의에 따라 회계처리를 하고 재무제표에 적절하게 반영하는 방법이 어떤 것이 있을지 알아보도록 하자.

① 20X1년 초 기계장치의 취득

현금 ₩1,000,000 감소하고 기계장치라는 자산이 ₩1,000,000 증가한 거래로 인식한다. 회계처리는 다음과 같다.

| 20X1. 1. 1 | (차) 기계장치 | 1,000,000 | (대) 현금 | 1,000,000 |

② 20X1년 말 기계장치의 감가상각

기계장치를 1/5만큼 사용했다고 가정하는 회계처리를 한다. 유형자산을 사용함에 따라 해당 유형자산이 감소하였다고 가정하는 것을 감가상각이라고 한다. 이에 따라 감가상각비라는 비용을 인식한다.

| 20X1.12.31 | (차) 감가상각비 | 200,000 | (대) 기계장치 | 200,000 |

20X1년 말부터 20X5년 말까지 매년 기계장치를 ₩200,000만큼 줄이고 해당 금액만큼 감가상각비를 인식하는 회계처리를 한다. 20X5년 말 시점에는 기계장치의 장부가치는 ₩0이 된다. 20X1년 말 시점의 재무상태표와 20X1년의 포괄손익계산서에는 위의 거래가 다음과 같이 반영된다.

〈20X1년 말 재무상태표〉

자산		부채	
기계장치	800,000		
		자본	

〈20X1년 포괄손익계산서〉

수익	
비용	
감가상각비	(200,000)

③ 총액회계처리

20X1년 말 기계장치의 장부가치는 ₩800,000이다. 기계장치를 ₩1,000,000에 취득하여 ₩200,000 감가상각하였기 때문이다. 정보이용자에게 기계장치의 가치가 ₩800,000이라는 정보 뿐만 아니라 취득원가가 ₩1,000,000이며 감가상각된 금액이 ₩200,000이라는 정보를 함께 제공한다면 회계정보의 가치가 더욱 높아질 것이다. 따라서 별도의 계정을 활용하여 감가상각에 대한 회계처리를 한다면 다음과 같이 재무제표에 표시된다.

20X1. 1. 1	(차)	기계장치	1,000,000	(대)	현금	1,000,000
20X1.12.31	(차)	감가상각비	200,000	(대)	감가상각누계액	200,000

⟨20X1년 말 재무상태표⟩

자산		부채	
기계장치	1,000,000		
감가상각누계액	(200,000)		
		자본	

⟨20X1년 포괄손익계산서⟩

수익	
비용	
감가상각비	(200,000)

감가상각누계액이란 유형자산에서 상각된 부분을 뜻하며 자산의 차감계정으로 표시된다. 감가상각누계액이라는 계정을 활용하면 위와 같이 더욱 유용한 회계정보를 제공할 수 있다. 유형자산을 직접 차감하는 방법을 순액법이라고 하며, 감가상각누계액이라는 별도의 계정을 활용하는 방법을 총액법이라고 한다. 일반적으로 금액이 크고 중요한 항목은 총액법으로 회계처리를 하며, 금액이 작거나 중요하지 않다면 순액법으로 회계처리한다.

(2) 선급비용

20X1년 7월 1일 자동차를 구입한 후 자동차 보험에 가입하여 1년치 보험료 ₩1,000,000을 선급했다고 가정하자.

① 현금주의에 의한 회계처리

이러한 보험료를 현금주의에 따라 회계처리를 한다면 다음과 같다.

20X1. 7. 1	(차)	보험료	1,000,000	(대)	현금	1,000,000

현금주의 회계처리는 손익의 기간배분이 적절하지 못하다는 단점이 있다.

② 발생주의에 의한 회계처리

발생주의 관점에서 본다면 1년치 보험료는 20X1년 7월 1일부터 20X2년 6월 30일까지에 대한 보험료이므로 20X1년에 ₩500,000, 20X2년에 ₩500,000의 비용을 인식하여야 한다. 따라서 발생주의에 따라 다음과 같이 회계처리를 한다.

20X1. 7. 1	(차)	선급비용	1,000,000	(대)	현금	1,000,000
20X1.12.31	(차)	보험료	500,000	(대)	선급비용	500,000
20X2. 6.30	(차)	보험료	500,000	(대)	선급비용	500,000

위와 같이 현금 지출시점에 차변에 선급비용이라는 자산을 인식한다. 그리고 기간이 경과함에 따라 선급비용의 금액을 감소시키고 이를 비용으로 인식하는 회계처리를 한다. 해당 거래는 20X1년 재무제표에 다음과 같이 표시된다.

〈20X1년 말 재무상태표〉		〈20X1년 포괄손익계산서〉	
자산 선급비용 500,000	부채	수익	
	자본	비용 보험료	(500,000)

(3) 선수수익

20X1년 11월 1일 고객에게 1년간 서비스를 제공하기로 하고 선불로 ₩1,200,000을 수취했다고 가정하자. 현금주의로 회계처리를 한다면 20X1년에 ₩1,200,000의 수익이 집계되고 20X2년에는 수익이 집계되지 않는다. 하지만 이를 발생주의의 관점에서 바라본다면 20X1년에는 2달간 서비스를 제공했으므로 ₩200,000의 수익이 인식되고 20X2년에는 10달간 서비스를 제공했으므로 ₩1,000,000의 수익이 인식된다. 따라서 다음과 같이 회계처리를 하는 것이 발생주의에 따른 올바른 회계처리이다.

20X1.11. 1	(차)	현금	1,200,000	(대)	선수수익	1,200,000
20X1.12.31	(차)	선수수익	200,000	(대)	매출	200,000
20X2.10.31	(차)	선수수익	1,000,000	(대)	매출	1,000,000

현금을 받는 시점에 선수수익이라는 부채를 인식한다. 그리고 기간이 경과하면서 서비스를 제공함에 따라 수익을 인식하고 선수수익을 감소시킨다.

해당 거래는 20X1년 재무제표에 다음과 같이 표시된다.

⟨20X1년 말 재무상태표⟩		⟨20X1년 포괄손익계산서⟩	

자산	부채
	  선수수익 1,000,000
	자본
		수익
		  매출 200,000
		비용	

> **참고자료** | 계약부채
>
> 현행 국제회계기준에서는 선수수익이라는 계정대신 계약부채라는 계정을 사용하기 시작하였다. 하지만 선수수익이라는 계정을 사용하는 것이 금지되는 것은 아니다.

(4) 미지급비용

20X1년 12월 20일 발생한 판매비 ₩100,000을 20X2년 1월 5일 지급하였다고 가정하자. 현금주의에 따라 회계처리한다면 20X2년에 ₩100,000의 비용을 인식한다. 하지만 해당 비용은 20X1년에 발생하였으므로 다음과 같이 회계처리한다.

| 20X1.12.20 | (차) | 판매비 | 100,000 | (대) | 미지급비용 | 100,000 |
| 20X2. 1. 5 | (차) | 미지급비용 | 100,000 | (대) | 현금 | 100,000 |

₩100,000의 비용과 동일한 금액의 미지급비용이라는 부채를 인식한다. 20X1년 말 재무상태표에는 미지급비용이라는 부채 ₩100,000 보고되며 포괄손익계산서에는 비용 ₩100,000 보고된다. 해당 거래는 20X1년 재무제표에 다음과 같이 표시된다.

⟨20X1년 말 재무상태표⟩		⟨20X1년 포괄손익계산서⟩	

자산	부채
	  미지급비용 100,000
	자본
		수익
		
		비용
		  판매비 (100,000)	

(5) 미수수익

20X1년 11월 1일 고객에게 1년간 서비스를 제공하기로 하고 후불로 ₩1,200,000을 수취하는 계약을 체결했다고 가정하자. 현금주의로 회계처리한다면 20X2년에 ₩1,200,000의 수익이 집계되고 20X1년에는 수익이 집계되지 않는다. 하지만 이를 발생주의의 관점에서 바라본다면 20X1년에는 2달간 서비스를 제공했으므로 ₩200,000의 수익이 인식되고 20X2년에는 10달간 서비스를 제공했으므로 ₩1,000,000의 수익이 인식된다. 따라서 다음과 같이 회계처리를 하는 것이 발생주의에 따른 올바른 회계처리이다.

20X1.12.31	(차)	미수수익	200,000	(대)	매출	200,000
20X2.10.31	(차)	미수수익	1,000,000	(대)	매출	1,000,000
	(차)	현금	1,200,000	(대)	미수수익	1,200,000

20X1년 말 2개월치 매출 ₩200,000을 인식함과 동시에 동일한 금액의 미수수익이라는 자산을 인식한다. 해당 거래는 20X1년 재무제표에 다음과 같이 표시된다.

⟨20X1년 말 재무상태표⟩

자산		부채	
미수수익	200,000		
		자본	

⟨20X1년 포괄손익계산서⟩

수익	
매출	200,000
비용	

⟨참고⟩
미수수익과 매출채권의 차이는 본 교재 72페이지에서 다룬다. 미수수익과 매출채권 차이에 대한 질문은 해당 부분에 대한 강의를 수강한 후 하도록 한다.

예제 3-2 | 발생주의에 의한 회계처리

다음 각각의 사례들이 매년도 손익에 미치는 영향을 구하고 관련 회계처리를 하시오.

〈사례 1〉 20X1년 1월 1일 업무용 차량을 ₩3,000,000에 구입하였다. 차량의 내용연수는 3년이다.

〈사례 2〉 20X1년 9월 1일 부터 1년간 경비서비스를 받았다. 경비서비스 수수료 ₩600,000은 20X1년 9월 1일 선불로 지급한다.

〈사례 3〉 20X1년 9월 1일 부터 1년간 경비서비스를 받았다. 경비서비스 수수료 ₩600,000은 20X2년 8월 31일 후불로 지급한다.

〈사례 4〉 20X1년 12월 한 달 동안 아르바이트생을 고용하여 일을 시켰다. 한 달 간의 아르바이트 비는 ₩1,200,000이며 해당 금액은 20X2년 1월 2일 지급되었다.

〈사례 5〉 20X1년 7월 1일부터 주문형 소프트웨어 제작용역을 시작하고, 용역대가 ₩1,000,000은 개발완료 후에 수취하기로 하였다. 20X1년 말까지 40%를 완성하였으며, 20X2년 6월 30일까지 나머지 60%를 완성하였다. 20X2년 7월 5일 현금 ₩1,000,000을 회수하였다.

〈사례 6〉 20X1년 7월 1일부터 주문형 소프트웨어 제작용역을 시작하고, 용역대가 ₩1,000,000은 20X1년 7월 1일 선불로 수취하였다. 20X1년 말까지 40%를 완성하였으며, 20X2년 6월 30일까지 나머지 60%를 완성하였다.

예제 3-2 | 풀이

〈사례 1〉

매년 인식할 감가상각비 = 3,000,000 × 1/3 = ₩1,000,000

비용	20X1	20X2	20X3
	₩1,000,000	₩1,000,000	₩1,000,000

20X1. 1. 1	(차)	차량운반구	3,000,000	(대)	현금	3,000,000
20X1.12.31	(차)	감가상각비	1,000,000	(대)	감가상각누계액	1,000,000
20X2.12.31	(차)	감가상각비	1,000,000	(대)	감가상각누계액	1,000,000
20X3.12.31	(차)	감가상각비	1,000,000	(대)	감가상각누계액	1,000,000

⟨사례 2⟩

20X1년 비용 = 600,000 × 4/12 = ₩200,000
20X2년 비용 = 600,000 × 8/12 = ₩400,000

비용	20X1 ₩200,000	20X2 ₩400,000

20X1. 9. 1	(차)	선급비용	600,000	(대)	현금	600,000
20X1.12.31	(차)	수수료비용	200,000	(대)	선급비용	200,000
20X2. 8.31	(차)	수수료비용	400,000	(대)	선급비용	400,000

⟨사례 3⟩

20X1년 비용 = 600,000 × 4/12 = ₩200,000
20X2년 비용 = 600,000 × 8/12 = ₩400,000

비용	20X1 ₩200,000	20X2 ₩400,000

20X1.12.31	(차)	수수료비용	200,000	(대)	미지급비용	200,000
20X2. 8.31	(차)	수수료비용	400,000	(대)	미지급비용	400,000
	(차)	미지급비용	600,000	(대)	현금	600,000

⟨사례 4⟩

비용	20X1 ₩1,200,000	20X2 -

| 20X1.12.31 | (차) | 급여 | 1,200,000 | (대) | 미지급급여 | 1,200,000 |
| 20X2. 1. 2 | (차) | 미지급급여 | 1,200,000 | (대) | 현금 | 1,200,000 |

〈사례 5〉

20X1년 매출 = 1,000,000 × 40% = ₩400,000

20X2년 매출 = 1,000,000 × 60% = ₩600,000

수익	20X1 ₩400,000	20X2 ₩600,000
20X1.12.31 (차) 미수수익 400,000	(대) 매출	400,000
20X2. 6.30 (차) 미수수익 600,000	(대) 매출	600,000
20X2. 7. 5 (차) 현금 1,000,000	(대) 미수수익	1,000,000

〈사례 6〉

20X1년 매출 = 1,000,000 × 40% = ₩400,000

20X2년 매출 = 1,000,000 × 60% = ₩600,000

수익	20X1 ₩400,000	20X2 ₩600,000
20X1. 7. 1 (차) 현금 1,000,000	(대) 선수수익	1,000,000
20X1.12.31 (차) 선수수익 400,000	(대) 매출	400,000
20X2. 6.30 (차) 선수수익 600,000	(대) 매출	600,000

제3절 계속기업의 가정과 실현·미실현손익

(1) 계속기업의 가정

경영진은 재무제표를 작성할 때 계속기업으로서의 존속가능성을 평가해야 한다. 경영진이 기업을 청산하거나 경영활동을 중단할 의도를 가지고 있지 않거나, 청산 또는 경영활동의 중단 외에 다른 현실적 대안이 없는 경우가 아니면 계속기업을 전제로 재무제표를 작성한다. 이를 계속기업의 가정이라하며 일단 설립된 기업은 반대의 증거가 없는 한 충분히 장기간 존속한다고 가정한다. 그리고 정보이용자들은 기업이 청산할 때까지 기다릴 수 없으므로 일정한 주기로 회계정보를 제공받고 싶어 할 것이다. 일정한 기간 단위로 회계정보를 작성하여 제공하자는 가정을 기간별 보고의 가정이라 한다.

(2) 실현손익과 미실현손익

₩1,000,000의 여유자금으로 주식 1주를 구입하였는데 주가가 ₩1,100,000으로 올랐다고 가정하자. 주가가 ₩100,000 올랐으며 주식투자를 통해 ₩100,000의 이익을 얻었다고 할 수 있다. 하지만 이러한 이익은 실질적인 자산의 유입이 없으며, 주가가 다시 내려갈 경우 이러한 이익은 사라진다. 이러한 이익을 미실현이익이라고 한다. 만약 ₩1,100,000에 매도한다면 투자자의 이익은 ₩100,000으로 확정되며, 이러한 경우 ₩100,000은 실현이익에 해당한다.

포괄손익계산서에서도 이러한 실현이익과 미실현이익을 구분하여 표시하면 정보이용자에게 더욱 목적적합한 정보를 제공할 수 있을 것이다. 포괄손익계산서는 다음과 같이 표시된다.

〈재무상태표〉		〈포괄손익계산서〉	
		매출	₩1,000
		매출원가	(800)
		매출총이익	₩200
		판매비와관리비	(10)
		영업이익	₩190
		영업외수익	15
		영업외비용	(25)
		법인세비용차감전순이익	₩180
		법인세비용	(20)
기타포괄손익누계액	XXX	당기순이익	₩160
이익잉여금	XXX	기타포괄손익	30
		총포괄손익	₩190

위의 포괄손익계산서에서 당기순이익 ₩160,000에 기타포괄이익 ₩30,000을 더한 ₩190,000이 총포괄이익임을 확인할 수 있다. 일반적으로 실현된 손익은 당기순손익을 구성하며, 미실현손익은 기타포괄손익을 구성한다. 또한 당기순이익이 발생하면 재무상태표상 자본 중 이익잉여금이 증가하며, 기타포괄손익이 발생하면 자본 중 기타포괄손익누계액이 증가한다.

예제 3-3 | 실현손익과 미실현손익

다음 문장들을 완성시키는 올바른 용어를 고르시오.

(1) 당기손익은 (실현손익, 미실현손익) 성격을 가지며, 재무상태표상의 (이익잉여금, 기타포괄손익누계액)에 반영된다.
(2) 기타포괄손익은 (실현손익, 미실현손익) 성격을 가지며, 재무상태표상의 (이익잉여금, 기타포괄손익누계액)에 반영된다.

예제 3-3 | 풀이

(1) 당기손익은 실현손익성격을 가지며, 재무상태표상의 이익잉여금에 반영된다.
(2) 기타포괄손익은 미실현손익 성격을 가지며, 재무상태표상의 기타포괄손익누계액에 반영된다.

예제 3-4 | 실현손익과 미실현손익의 회계처리

㈜ABC는 20X1년 12월 20일 주식 1주를 ₩10,000에 취득하였다. 다음 각각의 물음별로 회계처리를 하고 20X1년 포괄손익계산서에 관련 손익을 표시하시오.

물음 1) 20X1년 12월 25일 해당 주식을 ₩12,000에 처분하였다.

물음 2) 20X1년 말까지 해당 주식을 보유 중이며, 기말현재 주가는 ₩12,000이다.

예제 3-4 | 풀이

물음 1)

20X1.12.20	(차)	주식	10,000	(대)	현금	10,000
20X1.12.25	(차)	현금	12,000	(대)	주식 처분이익	10,000 2,000

〈재무상태표〉		〈포괄손익계산서〉	
		수익	
		주식처분이익	2,000
		비용	
		당기순이익	2,000
이익잉여금	2,000	기타포괄손익	-
		총포괄손익	2,000

물음 2)

20X1.12.20	(차) 주식	10,000	(대) 현금	10,000
20X1.12.31	(차) 주식	2,000	(대) 평가이익	2000

〈재무상태표〉		〈포괄손익계산서〉	
		수익	
		비용	
		당기순이익	-
기타포괄손익누계액	2,000	기타포괄손익	
		주식평가이익	2,000
		총포괄손익	2,000

〈참고〉
실현손익과 미실현손익에 대한 이해를 돕기 위해 현행 국제회계기준과 다르게 회계처리하였다. 현행 국제회계기준에 따른 자세한 회계처리 방법은 투자주식 챕터에서 다룰 것이다.

 MEMO

CHAPTER

제4장

화폐의 시간가치

제1절 | 화폐의 시간가치 일반사항
제2절 | 단일 금액의 현재가치와 미래가치 계산
제3절 | 다기간 현금흐름의 현재가치와 미래가치
제4절 | 연금의 현재가치와 미래가치
제5절 | 화폐의 시간가치 적용 사례

Accounting Principle for CPA & CTA

CHAPTER 04 | 화폐의 시간가치

제1절 화폐의 시간가치 일반사항

(1) 화폐의 시간가치의 의의

현재의 화폐를 은행에 예치하면 은행은 미래에 원금과 이자를 지급한다. 은행은 처음 예치 받았던 금액보다 더 큰 금액을 우리에게 지급하며, 여기에 화폐의 시간가치 원리가 들어있다.

현재의 현금을 포기하면 미래에 더 큰 현금을 얻게 된다. 예를 들어 현재 ₩100을 예치하여 미래에 ₩110을 받게 된다면 다음과 같이 식을 표현할 수 있다.

$$\text{현재의 ₩100 = 미래의 ₩110}$$

이처럼 동일한 금액이라도 시차에 따라 그 가치나 사람들의 선호도는 달라진다. 일반적으로 동일한 금액의 현금흐름이라면 미래의 현금흐름보다 현재의 현금흐름을 선호한다. (현재의 ₩100을 미래의 ₩100보다 더 선호한다.) 또한 현재의 현금흐름을 포기하는 대가로 미래의 더 큰 현금흐름을 요구하게 된다. 이러한 화폐의 시간가치의 차이는 이자율(할인율)을 이용하여 표시할 수 있다. 현재의 ₩100이 1년 후 ₩110과 동일한 가치를 갖는다면 이자율은 10%이다.

(2) 미래가치

미래가치(future value, FV)란 현재의 현금흐름을 동일한 가치를 갖는 미래의 현금흐름으로 환산한 금액을 의미한다. 예를 들어 이자율이 10%라면 현재 ₩100의 1년 후의 미래가치는 ₩110이 되는 것이다.

$$FV = PV \times (1 + R)^t$$

(3) 현재가치

현재가치(present value, PV)란 미래의 현금흐름을 동일한 가치를 갖는 현재의 현금흐름으로 환산한 금액을 의미한다. 예를 들어 이자율이 10%인 경우 1년 후 ₩110의 현재가치는 ₩100이다.

$$PV = FV \div (1 + R)^t$$

제2절 단일 금액의 현재가치와 미래가치 계산

(1) 현재가치와 미래가치의 관계

이자율이 10%라고 가정할 경우 현재의 ₩100,000과 3년 후의 ₩133,100은 다음과 같은 관계가 있음을 알 수 있다.

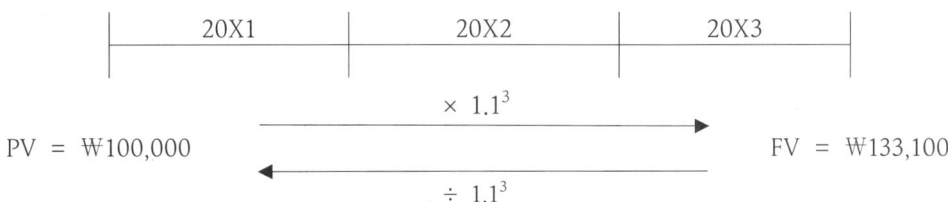

① 단일 금액의 미래가치 계산

단일 금액의 미래가치는 현재가치에 '1+이자율'을 적용할 기간만큼 곱하여 산출한다.

예제 4-1 | 미래가치 계산

다음 각각의 물음의 미래가치를 구하시오.

물음 1) 현재 ₩100,000으로 정기예금을 가입한 경우 1년 후의 미래가치 (이자율 10%)

물음 2) 현재 ₩100,000으로 정기예금을 가입한 경우 2년 후의 미래가치 (이자율 10%)

물음 3) 현재 ₩100,000으로 정기예금을 가입한 경우 2년 후의 미래가치 (이자율 12%)

예제 4-1 | 풀이

물음 1)

  FV = 100,000 × 1.1 = ₩110,000

```
            t=0                         t=1
             |                           |
    PV = ₩100,000
             └──────── × 1.1 ────────────▶ FV = ₩110,000
```

물음 2)
FV = 100,000 × 1.1² = ₩121,000

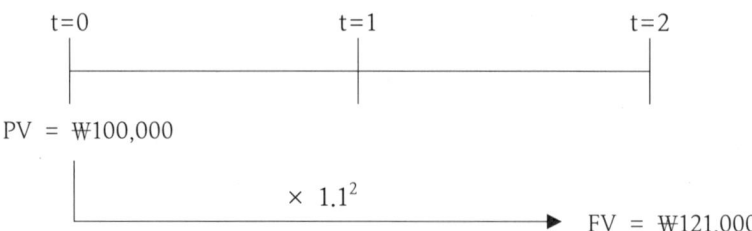

물음 3)
FV = 100,000 × 1.12² = ₩125,440

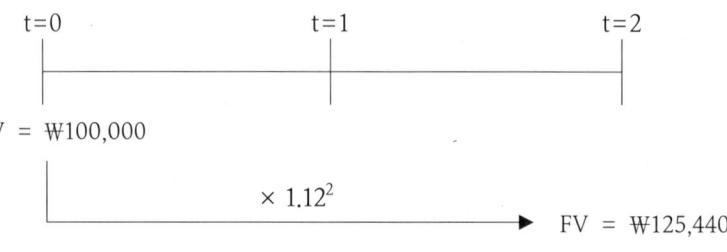

② 단일 금액의 현재가치 계산

단일 금액의 미래가치는 현재가치에 '1+이자율'을 적용할 기간만큼 나누어 산출한다.

예제 4-2 | 현재가치 계산

다음 각각의 물음의 현재가치를 구하시오.

물음 1) 1년 후 ₩100,000의 현재가치 (이자율 10%)

물음 2) 3년 후 ₩100,000의 현재가치 (이자율 10%)

물음 3) 3년 후 ₩100,000의 현재가치 (이자율 8%)

예제 4-2 | 풀이

물음 1)

PV = 100,000 ÷ 1.1 = ₩90,909

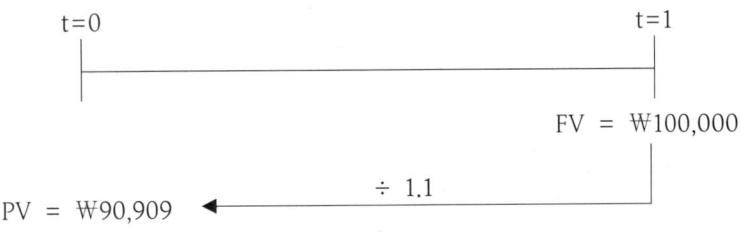

물음 2)

PV = 100,000 ÷ 1.1^3 = ₩75,131

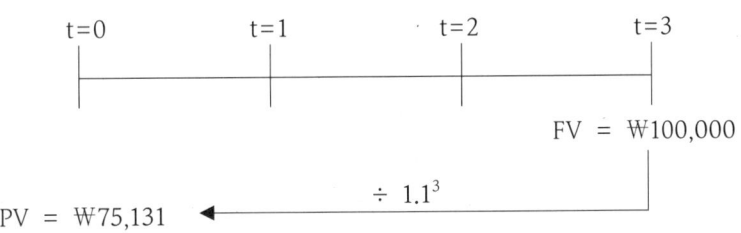

물음 3)

PV = 100,000 ÷ 1.08^3 = ₩79,383

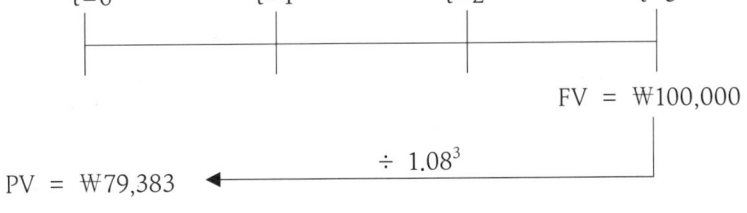

(2) 현재가치계수

현재가치계수표란 ₩1의 현재가치가 얼마인지 기간별, 할인율별로 미리 계산해 놓은 표를 말한다. 부록으로 첨부된 현재가치계수표를 이용하면 현재가치를 더욱 빠르고 정확하게 구할 수 있다.

예제 4-3 | 단일 금액의 현재가치

현재가치와 관련한 다음 각각의 물음에 답하시오.

물음 1) 5년 후 ₩1의 현재가치를 구하시오. (단, 할인율은 연 10%이다.)
물음 2) 5년 후 ₩5의 현재가치를 구하시오. (단, 할인율은 연 10%이다.)

예제 4-3 | 풀이

물음 1)
5년 후 ₩1의 현재가치는 다음과 같다.
PV = 1 ÷ 1.1^5 = ₩0.62092

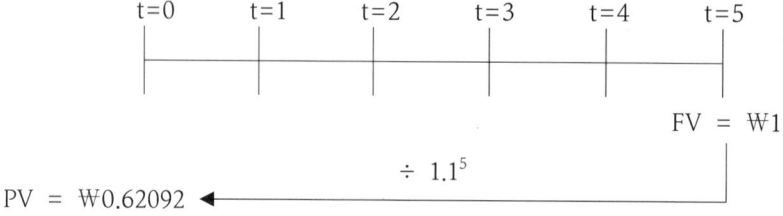

물음 2)
5년 후 ₩5의 현재가치는 다음과 같이 구할 수 있다.
PV = 0.62092 × 5 = ₩3.1046

0.62092이라는 숫자를 알고 있다면 할인율과 기간이 같은 금액의 현재가치를 쉽게 구할 수 있다. 0.62092를 5기간 10%의 단일금액의 현가계수라 하며, 부록에 첨부된 표를 통해 찾아볼 수 있다.

(3) 미래가치계수

미래가치계수표란 ₩1의 미래가치가 얼마인지 기간별, 할인율별로 미리 계산해 놓은 표를 말한다. 부록으로 첨부된 미래가치계수표를 이용하면 미래가치를 더욱 빠르고 정확하게 구할 수 있다.

예제 4-4 | 단일 금액의 미래가치

미래가치와 관련한 다음 각각의 물음에 답하시오.

물음 1) ₩1의 5년 후의 미래가치를 구하시오. (단, 할인율은 연 10%이다.)
물음 2) ₩5의 5년 후의 미래가치를 구하시오. (단, 할인율은 연 10%이다.)

예제 4-4 | 풀이

물음 1)

₩1의 5년 후의 미래가치는 다음과 같다.

$FV = 1 \times 1.1^5 = ₩1.61051$

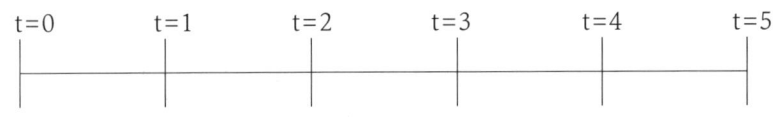

$PV = ₩1$ $\times 1.1^5$ $FV = ₩1.61051$

물음 2)

₩5의 5년 후 미래가치는 다음과 같이 구할 수 있다.
$FV = 1.61051 \times 5 = ₩8.05255$

1.61051이라는 숫자를 알고 있다면 할인율과 기간이 같은 금액의 미래가치를 쉽게 구할 수 있다. 1.61051을 5기간 10%의 단일금액의 미래가치계수라 하며, 부록에 첨부된 표를 통해 찾아볼 수 있다.

제3절　다기간 현금흐름의 현재가치와 미래가치

(1) 다기간 현금흐름의 미래가치 계산

다기간 현금흐름의 미래가치는 각각의 현금흐름의 미래가치를 합하여 구할 수 있다.

예제 4-5 | 다기간 현금흐름의 미래가치

A씨는 다음과 같은 조건의 예금을 예치할 계획이다.

(1) 1년 후 ₩30,000, 2년 후 ₩50,000, 3년 후에 ₩20,000을 납입한다.
(2) 해당 예금은 5년 후 인출한다.
(3) 연간 이자율은 10%이다.

5년 후 인출할 금액을 구하시오.

예제 4-5 | 풀이

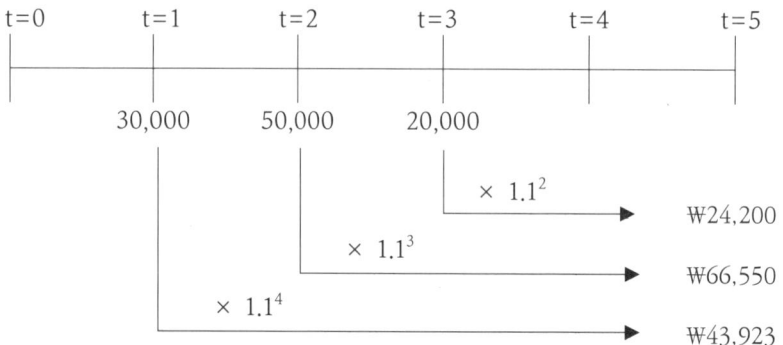

미래가치 합계 = 24,200 + 66,550 + 43,923 = ₩134,673

(2) 다기간 현금흐름의 현재가치

다기간 현금흐름의 현재가치는 각각의 현금흐름의 현재가치를 합하여 구할 수 있다.

예제 4-6 | 다기간 현금흐름의 현재가치

A씨는 다음과 같은 현금흐름을 창출하는 투자안을 분석중이다.

(1) 2년 후 ₩50,000, 3년 후 ₩30,000, 5년 후에 ₩40,000을 수취한다.
(2) 이자율은 10%이다.

해당 투자안 현금흐름의 현재가치는 얼마인가?

예제 4-6 | 풀이

```
        t=0      t=1      t=2      t=3      t=4      t=5
         |--------|--------|--------|--------|--------|
                          50,000   30,000           40,000
```

₩41,322 ← ÷ 1.1^2 (from 50,000)

₩22,539 ← ÷ 1.1^3 (from 30,000)

₩24,837 ← ÷ 1.1^5 (from 40,000)

현재가치 합계 = 41,322 + 22,539 + 24,837 = ₩88,698

제4절 연금의 현재가치와 미래가치

(1) 연금의 의의
연금(annuity)은 미래 일정 기간에 걸쳐 매 기간 발생하는 일정한 현금흐름을 의미한다.

(2) 연금의 미래가치 계산
연금의 미래가치는 각 현금흐름들의 미래가치를 구한 후 합산하여 구할 수도 있으나 다음과 같이 연금의 미래가치계수를 사용하여 구할 수도 있다.

$$FV(연금) = CF \times FVFA(r, n)$$
$$(FVFA(r, n)은\ 할인율\ r,\ n기간에\ 대한\ 연금의\ 미래가치계수)$$

예제 4-7 | 연금의 미래가치

연금의 미래가치와 관련한 다음 각각의 물음에 답하시오. (단, 할인율은 10%이다.)

물음 1) 매년 말 ₩1씩 3년간 발생하는 연금의 3년 후 미래가치를 구하시오.
물음 2) 매년 말 ₩15씩 3년간 발생하는 연금의 3년 후 미래가치를 구하시오.

예제 4-7 | 풀이

물음 1)

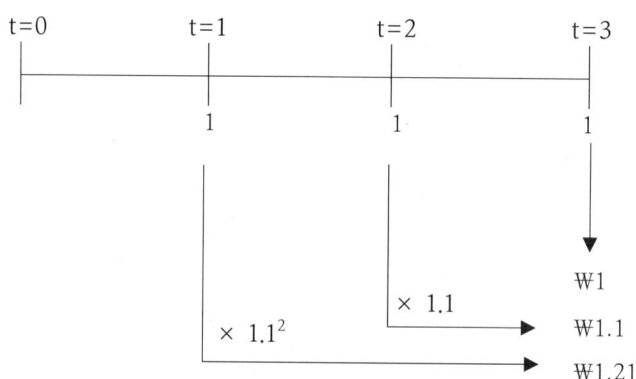

연금의 미래가치 = 1 + 1.1 + 1.21 = ₩3.31

물음 2)
연금이 매년 ₩15인 경우 다음과 같이 미래가치를 구할 수 있다.
FV = 15 × 3.31 = ₩49.65

3.31이라는 숫자를 알고 있다면 할인율과 기간이 같은 연금의 미래가치를 쉽게 구할 수 있다. 3.31을 3기간 10%의 연금의 미래가치계수라 하며, 부록에 첨부된 표를 통해 찾아볼 수 있다.

(3) 연금의 현재가치 계산

연금의 현재가치는 각 현금흐름들의 현재가치를 구한 후 합산하여 구할 수도 있으나 다음과 같이 연금의 현재가치계수를 사용하여 구할 수도 있다.

$$PV(연금) = CF \times PVFA(r, n)$$
(PVFA(r, n)은 할인율 r, n기간에 대한 연금의 현재가치계수)

예제 4-8 | 연금의 현재가치

연금의 현재가치와 관련한 다음 각각의 물음에 답하시오. (단, 할인율은 10%이다.)

물음 1) 매년 말 ₩1씩 3년간 발생하는 연금의 현재가치를 구하시오.
물음 2) 매년 말 ₩12씩 3년간 발생하는 연금의 현재가치를 구하시오.

예제 4-8 | 풀이

물음 1)

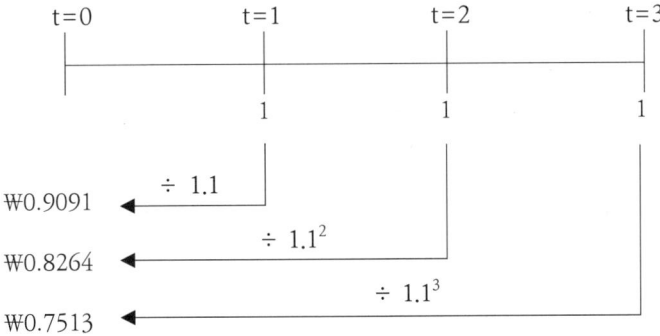

연금의 현재가치 = 0.9091 + 0.8264 + 0.7513 = ₩2.4868

물음 2)
연금이 매년 ₩12인 경우 다음과 같이 현재가치를 구할 수 있다.
PV = 12 × 2.4868 = ₩29.84

2.4868이라는 숫자를 알고 있다면 할인율과 기간이 같은 연금의 현재가치를 쉽게 구할 수 있다. 2.4868을 3기간 10%의 연금의 현재가치계수라 하며, 부록에 첨부된 표를 통해 찾아볼 수 있다.

제5절 화폐의 시간가치 적용 사례

(1) 기간경과에 따른 현재가치의 변동

현재가치로 평가된 금액은 기간 경과에 따라 이자율만큼 그 금액이 증가한다. 기간 경과에 따라 현재가치로 평가된 금액이 증가함에 따라 이자수익이나 이자비용을 인식하는 것을 유효이자율법이라 한다.

예제 4-9 | 기간경과에 따른 현재가치의 변동

㈜ABC는 20X1년 1월 1일 ₩100,000을 차입하고 3년 후 원금과 3년치 이자를 일시에 상환하기로 하였다. 다음 각 물음에 답하시오. (단, 이자율은 10%이다.)

물음 1) 3년 후 (20X3년 12월 31일) 일시에 상환하여야 할 금액은 얼마인가?
물음 2) 20X1년 12월 31일 기준 미래 상환하여야 할 금액의 현재가치는 얼마인가?
물음 3) 20X2년 12월 31일 기준 미래 상환하여야 할 금액의 현재가치는 얼마인가?

예제 4-9 | 풀이

물음 1)
₩100,000의 3년 후 미래가치를 구하는 문제이다.
FV(20X3 말) = 100,000 × 1.1^3 = ₩133,100

물음 2)
20X1년 12월 31일 기준 만기까지 2년이 남아있다. 2년 후 ₩133,100의 현재가치를 구하는 문제이다.
PV(20X1 말) = 133,100 ÷ 1.1^2 = ₩110,000

또는 20X1년 초 ₩100,000의 1년 후 미래가치를 구하는 문제이기도 하다.
FV(20X1 말) = 100,000 × 1.1 = ₩110,000

물음 3)
20X2년 12월 31일 기준 만기까지 1년이 남아있다. 1년 후 ₩133,100의 현재가치를 구하는 문제이다.
PV(20X2 말) = 133,100 ÷ 1.1 = ₩121,000

또는 20X1년 초 ₩100,000의 2년 후 미래가치를 구하는 문제이기도 하다.
FV(20X2 말) = 100,000 × 1.1² = ₩121,000

〈참고〉
시점별 현재가치를 표로 나타내면 다음과 같다.

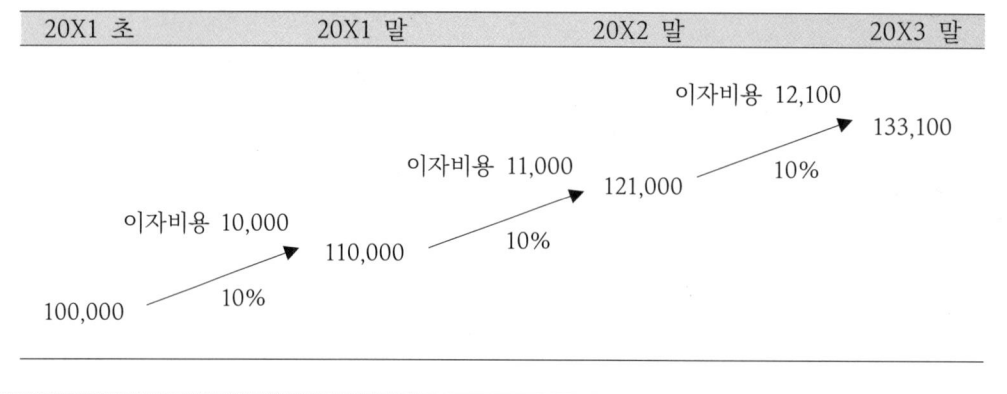

(2) 현재가치에 대한 회계처리

명목가치와 현재가치의 차이가 중요하다면 현재가치로 평가하여 회계처리해야 한다. 다음과 같이 대금을 지급하는 조건으로 토지를 매입하였다고 가정하자.

이자율은 8%라 가정할 경우 해당 현금흐름의 명목가치는 ₩300,000이며 현재가치는 다음과 같이 계산할 수 있다.

$$PV = 100,000 \times PVFA(3기간, 8\%) = 100,000 \times 2.5771 = ₩257,710$$

따라서 토지의 취득원가는 미래 현금흐름의 현재가치인 ₩257,710이며, 동일한 금액의 미지급금을 인식한다. 미지급금은 1년 동안 8%증가하며(이 금액이 유효이자율법에 의한 이자비용이다.) 매년 말 ₩100,000 지급할 때마다 미지급금이 줄어든다.

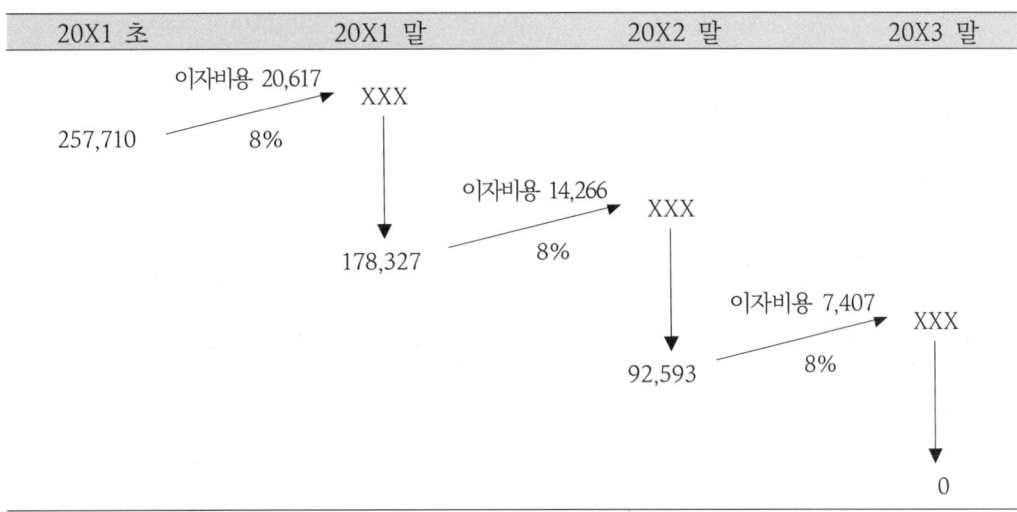

매 일자별 회계처리는 다음과 같다.

20X1. 1. 1	(차)	토지	257,710	(대)	미지급금	257,710
20X1.12.31	(차)	이자비용 미지급금	20,617 100,000	(대)	미지급금 현금	20,617 100,000
20X2.12.31	(차)	이자비용 미지급금	14,266 100,000	(대)	미지급금 현금	14,266 100,000
20X3.12.31	(차)	이자비용 미지급금	7,407 100,000	(대)	미지급금 현금	7,407 100,000

매 시점 재무상태표에는 미래 현금지급액의 현재가치만큼 미지급금이 표시된다. 20X1년 말 시점의 재무상태표와 포괄손익계산서에 표시되는 해당 거래의 결과는 다음과 같다.

〈20X1년 말 재무상태표〉		〈20X1년 포괄손익계산서〉
자산	부채 　미지급금　　　　178,327 자본	수익 비용 　이자비용　　　　20,617

해당 거래결과 1년 동안 미지급금이 8% 증가하는 것을 알 수 있다. 이 때의 8%를 유효이자율이라고 하며, 현재가치의 증가 8%를 이자비용으로 인식하는 회계처리 방식을 유효이자율법이라고 한다. 거의 대부분의 경우 현재가치 평가를 한 경우 유효이자율법이 적용된다.

(3) 총액회계처리와 순액회계처리

20X1년 초 재무상태표에 미래 지급액의 현재가치인 ₩257,710의 미지급금이 표시되어 있다. 미래에 지급하여야 할 금액이 ₩300,000이고 이것의 현재가치가 ₩257,710이라는 정보를 제공할 수 있으면 그 정보의 유용성은 증대될 것이다. 이를 위하여 명목가치와 현재가치의 차이를 현재가치할인차금이라는 계정을 활용하여 회계처리하면 다음과 같이 유용한 정보를 제공할 수 있다.

20X1. 1. 1	(차)	토지	257,710	(대)	미지급금	300,000
		현재가치할인차금	42,290			

〈20X1년 초 재무상태표 (총액법)〉

자산	부채
	미지급금 300,000
	현할차 (42,290)
	자본

〈20X1년 초 재무상태표 (순액법)〉

자산	부채
	미지급금 257,710
	자본

총액법에 의한 20X1년 말 회계처리는 다음과 같다.

20X1.12.31	(차)	이자비용	20,617	(대)	현재가치할인차금	20,617
		미지급금	100,000		현금	100,000

예제 4-10 | 화폐의 시간가치에 대한 회계처리

㈜ABC는 20X1년 1월 1일 토지를 취득하였다.

(1) 구입대금은 20X1년 말, 20X2년 말, 20X3년 말 각각 ₩1,000,000, ₩500,000, ₩800,000을 지급한다.
(2) 할인율은 5%이다.

다음 각 물음에 답하시오.

물음 1) 미래 지급해야 할 현금의 현재가치는 얼마인가?
물음 2) 토지의 취득원가는 얼마인가?
물음 3) 매년 말 미지급금의 장부금액은 얼마인가?
물음 4) 해당 거래에 대한 회계처리를 하시오.

예제 4-10 | 풀이

물음 1)

미래지급해야 할 현금흐름은 다음과 같다.

$PV = 1,000,000 \div 1.05 + 500,000 \div 1.05^2 + 800,000 \div 1.05^3 = ₩2,096,966$

물음 2)

토지의 취득원가는 미래현금지급액의 현재가치인 ₩2,096,966이다.

물음 3)

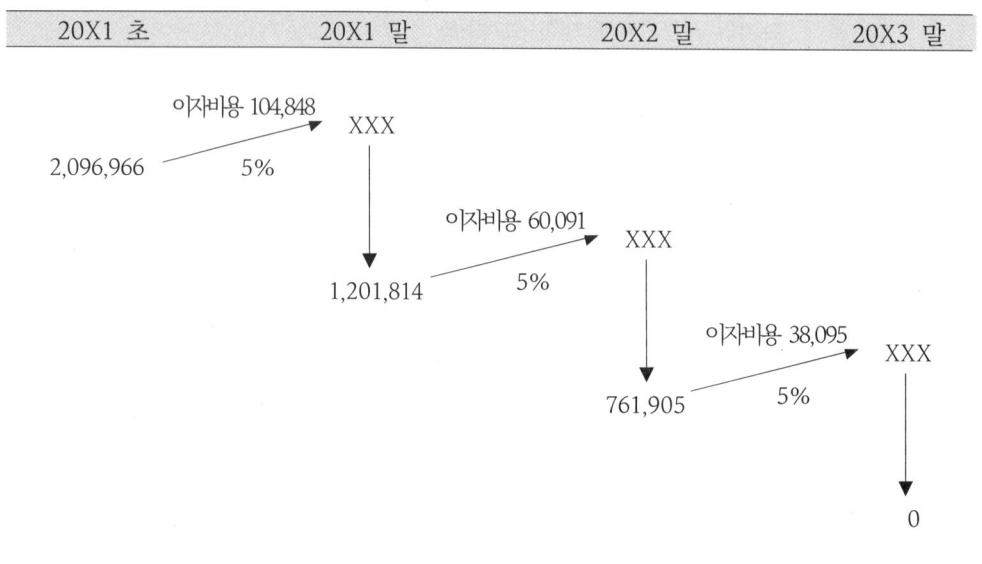

물음 4)

토지의 취득과 미지급금의 상환에 대한 회계처리는 다음과 같다.

⟨순액 회계처리⟩

20X1. 1. 1	(차)	토지	2,096,966	(대)	미지급금	2,096,966
20X1.12.31	(차)	이자비용 미지급금	104,848 1,000,000	(대)	미지급금 현금	104,848 1,000,000
20X2.12.31	(차)	이자비용 미지급금	60,091 500,000	(대)	미지급금 현금	60,091 500,000
20X3.12.31	(차)	이자비용 미지급금	38,095 800,000	(대)	미지급금 현금	38,095 800,000

⟨총액 회계처리⟩

20X1. 1. 1	(차)	토지 현재가치할인차금	2,096,966 203,034	(대)	미지급금	2,300,000
20X1.12.31	(차)	이자비용 미지급금	104,848 1,000,000	(대)	현재가치할인차금 현금	104,848 1,000,000
20X2.12.31	(차)	이자비용 미지급금	60,091 500,000	(대)	현재가치할인차금 현금	60,091 500,000
20X3.12.31	(차)	이자비용 미지급금	38,095 800,000	(대)	현재가치할인차금 현금	38,095 800,000

 MEMO

CHAPTER

현금 및 현금성자산

제1절 | 현금 및 현금성자산
제2절 | 은행계정조정표

CHAPTER 05 | 현금 및 현금성자산

제1절 현금 및 현금성자산

(1) 현금의 정의

현금(cash)이란 교환의 매개물로서 재화를 구입하거나 단기채무의 결제에 즉시 사용될 수 있는 경제적 자원을 의미한다. 따라서 재무상태표에 현금으로 보고하기 위해서는 사용에 제한이 없어야 한다. 현금이 갖고 있는 가장 커다란 특징은 필요한 재화를 구입하거나 용역을 제공받을 수 있는 구매력(purchasing power)이 있다는 점이다. 현금은 또한 기업의 영업활동과 관련하여 유동성과 지급능력을 표시해 주는 척도로서의 기능을 한다.

일상생활에서의 현금은 지폐나 주화 등 통화를 의미하지만 회계에서의 현금은 보다 넓은 의미로 사용된다. 회계에서 현금은 통화뿐만 아니라 통화대용증권과 요구불예금을 포함하는데 이를 정리하면 다음과 같다.

> (1) 통화(currency) : 지폐, 주화 등. 외국통화와 지점전도금, 소액현금 포함
> (2) 통화대용증권(cash equivalents) : 통화와 유사하게 사용할 수 있는 자산(수표, 우편환증서, 배당금지급 통지표, 지급일이 도래한 공사채의 이자표, 기한이 도래한 어음 등)
> (3) 요구불예금(demand deposit) : 입출금이 자유로운 예금(당좌예금과 보통예금)

(2) 현금성자산

현금성자산(cash equivalents)은 유동성이 매우 높은 단기 투자자산으로 확정된 금액의 현금으로 전환이 용이하고 가치변동의 위험이 중요하지 않은 자산을 말한다. 현금성자산으로 분류되기 위해서는 다음의 요건을 모두 충족하여야 한다.

> (1) 금융시장에서 쉽게 매각하여 큰 거래비용 없이 현금으로 전환하는 것이 용이해야 한다.
> (2) 금융상품이 이자율변동에 따라 가격변동이 심하지 않아야 한다.
> (3) 취득 당시 만기가 3개월 이내에 도래하는 것이어야 한다.

현금성자산의 예는 다음과 같다.

> (1) 취득 당시 만기가 3개월 이내에 도래하는 국공채와 회사채
> (2) 취득 당시 상환일이 3개월 이내에 도래하는 상환우선주
> (3) 취득 당시 만기가 3개월 이내에 도래하는 양도성 예금증서(CD)
> (4) 3개월 이내에 환매조건을 가진 환매체(RP), 초단기금융상품(MMF) 등

(3) 현금 및 현금성자산에 포함되지 않는 항목

다음의 항목들은 현금성자산에 포함되지 않는다.

① 우표와 수입인지

우표와 수입인지는 우편요금이나 수입인지대금을 선급한 것이므로 선급비용이나 소모품비로 처리한다.

② 선일자수표

선일자수표는 수표 권면상 발행일이 미래의 날짜인 경우를 말한다. 선일자수표는 수표수령인이 현재가 아닌 수표권면에 표시된 미래의 발행일자에 지급제시를 하기 때문에 경제적 실질은 어음과 동일하다. 권면상 발행일 이전에는 현금으로 분류할 수 없으며, 권면상 발행일 이후에는 현금으로 분류한다.

③ 차용증서

차용증서는 돈을 빌린 사실이 있음을 입증하기 위하여 차입자가 대여자에게 발행·교부해 주는 증서이다. 차용증서는 결제수단으로 사용할 수 없으므로 현금에 해당하지 않는다.

④ 부도수표

부도수표란 발행회사의 당좌예금잔액이나 당좌차월한도액을 초과하여 현금과의 교환이 거절된 수표를 말한다. 은행에 지급제시한 수표가 부도처리되면 수표를 보유하고 있는 회사는 부도수표를 현금으로 인식하지 않고 매출채권이나 대여금 등으로 인식한다.

⑤ 사용제한 요구불예금

보통예금, 당좌예금 등의 요구불예금은 현금으로 분류되지만, 담보제공 등의 사유로 사용이 제한된 경우 자유로운 입출금이 불가능하므로 현금에서 제외된다. 이후 사용 제한이 해제되면 다시 현금으로 분류한다.

⑥ 당좌차월

당좌차월이란 당좌예금의 마이너스잔액을 말한다. 당좌차월은 현금에서 차감하지 않고 별도의 차입금으로 인식한다.

⑦ 당좌개설보증금

당좌개설보증금은 당좌예금을 해지하는 경우 돌려받을 금액이다. 결제수단으로 사용할 수 없으며 현금에 해당하지 않는다.

참고자료 | 통화대용증권

(1) 당좌수표

당좌수표란 은행에 당좌예금을 하고 있는 법인이 거래대금의 지급 등을 목적으로 당좌거래은행으로부터 교부받은 수표용지에 필요한 금액을 기재하여 발행하는 수표를 말한다. 거래상대방에게 재화 또는 용역을 제공하고 그 대가로 타인이 발행한 당좌수표를 받게 되면 받은 시점에서 현금으로 회계처리한다.

(2) 가계수표

가계수표란 은행에 가계종합예금을 하고 있는 개인사업자가 거래대금의 지급등을 목적으로 거래은행으로부터 교부받은 가계수표용지에 필요한 금액을 기재하여 발행하는 수표를 말한다. 가계수표는 법인이 아닌 개인사업자가 발행한다는 점에서 당좌수표와 구분이 될 뿐 그 기능은 본질적으로 당좌수표와 동일하다.

(3) 자기앞수표

자기앞수표란 은행에 예금을 하고 있는 법인 또는 개인이 그 은행으로부터 통화를 인출하는 대신에 수표로 인출하고자 하는 경우 은행에서 발행하는 수표를 말한다.

(4) 여행자수표

여행자수표란 해외여행자들로 하여금 현금의 휴대에 따르는 위험을 회피할 수 있도록 은행이 발행하는 여행자용 수표를 말한다.

(5) 우편환증서

우편환증서란 우체국을 통하여 통화를 원격지에 송금하는 경우 우체국에서 발행하는 증서를 말한다. 우편환증서가 필요한 법인 또는 개인은 필요한 만큼의 통화를 우체국에 지급하고 우편환 증서를 받아 송금하고자 하는 상대방에게 보낼 수 있으며, 상대방은 우편환증서를 수령한 후 가까운 우체국에 가서 통화로 교환할 수 있다.

(6) 지급기일이 도래한 공채와 사채의 이자표

일정한 기간마다 받을 수 있는 이자표가 채권에 첨부된 공채나 사채에 투자하였을 때 이자지급기일이 도래하게 되면 현금으로 기록한다.

(7) 배당지급통지표

배당지급통지표는 주주총회에서 배당에 대한 내용이 결정이 되었을 때 해당 내용을 당사자에게 통지할 때 사용하는 문서이다. 배당지급통지표를 통해 주식 1주당 얼마의 현금 배당을 결의되었는지 알 수 있다. 배당지급통지표는 통화대용증권이며 현금에 포함된다.

예제 5-1 | 현금 및 현금성자산

다음은 ㈜ABC의 20X1년 12월 31일 현재의 자료이다. 현금과 현금성자산은 각각 얼마인가? (단, 20X1년 말 기준환율은 $1 = ₩1,200이다.)

보통예금	₩1,500	외국환통화	$2
당좌예금	200	당좌차월	(₩150)
주화및지폐	400	당좌개설보증금	80
소액현금	1,000	지점전도금	800
우표	50	양도성예금증서	45
우편환증서	220	정기예금	120
당좌수표	1,000	환매채	70

1) 보통예금은 담보로 설정되어 사용이 제한되어 있다.
2) 당좌수표의 권면상 발행일은 20X2년 2월 28일이다.
3) 양도성예금증서는 취득 당시 100일 만기조건이다.
4) 정기예금의 가입일은 20X1년 2월 1일이며 1년 만기이다.
5) 환매채는 60일 환매조건이다.

예제 5-1 | 풀이

	현금	현금성자산
외국환통화	₩2,400	
당좌예금	200	
주화및지폐	400	
소액현금	1,000	
지점전도금	800	
우편환증서	220	
환매채		₩70
	₩5,020	₩70

보통예금은 사용이 제한되어 있으므로 현금으로 분류하지 않는다.
양도성예금증서는 취득 당시 만기가 3개월 이상이므로 현금성자산으로 분류하지 않는다.
해당 당좌수표는 선일자수표이므로 권면상 발행일 이후부터 현금으로 분류한다.

제2절　은행계정조정표

(1) 은행계정조정표의 의의

　당좌예금(checking account)이란 기업이 은행과 당좌계약을 체결하여 기업은 현금을 예치하고 교부받은 당좌수표용지에 필요할 때 마다 당좌수표를 발행할 수 있는 예금을 말한다. 당좌예금은 요구불예금이므로 현금으로 분류된다.

　은행계정조정표는 회사의 당좌예금잔액과 은행의 당좌예금 통장잔액과의 차이를 조정하는 표를 말한다. 은행계정조정표를 작성하여 특정시점의 정확한 당좌예금잔액을 확인하고, 횡령 등의 사고가능성을 미연에 방지할 수 있다.

(2) 조정사항

　회사 장부와 은행 장부의 금액 차이의 원인은 특정거래가 어느 한쪽에만 반영된 경우와 기입오류 등이 있다.

① 은행에서 조정할 사항

　회사는 반영하였으나 은행에 반영되지 않은 거래가 있다면 은행 측 장부에 해당거래를 반영하여 은행 측 금액을 조정한다.

> (1) 미기입예금(미통지예금) : 회사가 은행에 입금하였으나 은행에서 입금처리되지 않은 경우
> (2) 기발행미인출수표 : 회사가 거래처에 당좌수표를 발행해 주었으나 거래처가 은행에 지급제시를 안한 경우

② 회사에서 조정할 사항

　은행은 반영하였으나 회사에 반영되지 않은 거래가 있으면, 회사측 장부에 해당거래를 반영하여 회사측의 금액을 조정한다.

> (1) 미통지 입금 : 회사 통장에 입금처리 되었으나 회사가 확인하지 못한 경우. 외상매출금이 입금 되었거나 받을어음이 추심되었는데 회사가 확인하지 못한 경우 발생
> (2) 미통지 출금 : 회사 통장에서 출금처리 되었으나 회사가 확인하지 못한 경우. 당좌차월이자, 은행수수료 등이 출금되거나 입금한 수표가 부도처리된 경우 발생

③ 오류

　오류가 발생한 경우 오류를 발생시킨 쪽에서 올바른 금액으로 수정한다.

예제 5-2 | 은행계정조정표

㈜ABC는 20X1년 12월 31일 당좌거래은행인 ABC은행에 당좌예금잔액을 조회한 결과 ₩1,580,000임을 확인하였다. 회사 장부상 당좌예금 잔액은 ₩1,619,100이며 그 차이원인을 조사한 결과 다음과 같다.

(1) 회사가 12월 31일 입금하였으나 은행측에서 입금처리하지 않은 금액 ₩50,000이 있다.

(2) 회사가 매입대금으로 지급한 당좌수표 ₩15,000이 아직 지급제시되지 않았다.

(3) 만기가 도래하여 은행에 추심을 위임하여 추심된 어음이 ₩7,000이 있다.

(4) 거래처로부터 받아 예입한 수표 ₩12,000이 부도처리되었다.

(5) 매입대금지급을 위해 수표 ₩8,900을 발행하였으나 장부에 ₩9,800으로 기입하였다.

은행계정조정표를 작성하여 올바른 당좌예금 잔액을 구하시오.

예제 5-2 | 풀이

은행계정조정표

	은행측잔액	장부잔액
수정전 잔액	₩1,580,000	₩1,619,100
조정항목 :		
(1) 미기입예금	50,000	
(2) 기발행미인출수표	(15,000)	
(3) 미통지입금		7,000
(4) 부도수표		(12,000)
(5) 회사측오류		900
수정후 잔액	₩1,615,000	₩1,615,000

CHAPTER

매출채권과 대손충당금

제1절 | 매출채권
제2절 | 대손충당금

CHAPTER 06 | 매출채권과 대손충당금

제1절 매출채권

(1) 매출채권의 의의

회사는 재고자산을 판매하거나 서비스를 제공하고 현금을 수취할 수도 있지만 외상으로 거래하는 경우도 있다. 재고자산을 판매하거나 서비스를 제공하고 그 대가를 나중에 받기로 한 경우 해당 금액을 매출채권이라는 자산으로 인식한다.

(2) 매출채권에 대한 회계처리

외상으로 재고자산을 판매하거나 서비스를 제공한 경우 다음과 같이 회계처리한다.

외상판매	(차)	매출채권	1,000,000	(대)	매출	1,000,000

외상대금을 현금으로 회수할 때의 회계처리는 다음과 같다.

대금회수	(차)	현금	1,000,000	(대)	매출채권	1,000,000

참고자료 | 미수수익과 매출채권의 차이

재화나 용역을 제공하였으나 현금을 수취하지 못한 경우 매출을 인식하면서 미수수익 또는 매출채권이라는 자산을 인식한다. 미수수익과 매출채권 모두 매출이 발생하였으나 현금을 수취하지 못한 경우 인식하는 자산이라는 점은 유사하다. 매출채권은 현금을 받을 권리가 충족되었고, 미수수익은 현금을 받을 권리가 충족되지 않았다는 점에서 차이가 있다. 예를 들어 20X1년 12월 1일부터 20X2년 2월 28일까지 월 10회씩 강의를 하고 총 ₩3,000,000의 강사료를 20X2년 3월 3일 수취하기로 하였다고 가정한다. 단, 강사료는 모든 강의를 완료해야 수취할 수 있는 조건이다. 해당 거래에 대한 회계처리는 다음과 같다.

20X1.12.31	(차)	미수수익	1,000,000	(대)	매출	1,000,000
20X2. 2.28	(차)	미수수익	2,000,000	(대)	매출	2,000,000
	(차)	매출채권	3,000,000	(대)	미수수익	3,000,000
20X2. 3. 3	(차)	현금	3,000,000	(대)	매출채권	3,000,000

제2절 대손충당금

(1) 대손충당금의 필요성

대손충당금은 채권의 차감계정이며, 채권 금액 중 대손이 예상되는 금액을 의미한다. 예를들어 매출채권이 ₩10,000이고 대손충당금이 ₩300이라면 매출채권 ₩10,000 중 ₩9,700은 회수될 것으로 예상되고 ₩300은 대손이 예상된다는 의미이다.

(2) 대손충당금의 설정과 대손상각비

재화나 용역을 외상으로 제공한 경우 미래에 받을 금액을 매출채권이라는 자산으로 인식한다. 또한 해당 금액의 회수가능성을 고려하여 대손충당금을 설정한다. ₩1,000의 외상매출이 발생하는데 그 중 ₩50의 대손이 예상된다면 다음과 같이 회계처리한다.

외상판매	(차)	매출채권	1,000	(대)	매출	1,000
	(차)	대손상각비	50	(대)	대손충당금	50

해당 회계처리가 재무제표에 미치는 영향은 다음과 같다.

〈재무상태표〉

자산		부채	
매출채권	1,000		
대손충당금	(50)		
		자본	

〈포괄손익계산서〉

수익	
매출	1,000
비용	
대손상각비	(50)

대손이 예상되는 금액만큼 대손충당금과 대손상각비를 인식한다. 실제로 대손이 발생한 것은 아니지만 미래 예상되는 대손에 대한 비용을 미리 인식하는 회계처리이다.

이론적으로 매출채권이 발생하는 시점마다 회수가능성을 파악하여 대손충당금을 설정하는 것이 타당하다. 하지만 실무적으로 매출채권 발생시마다 대손충당금을 설정하는 것은 불가능하므로 기말 결산 시점에 일시에 대손충당금을 인식하는 것이 일반적이다.

> **예제 6-1** | 외상매출과 대손충당금

20X1년 초 ㈜ABC는 영업을 개시하였다. 20X1년 중 외상매출 ₩1,000,000 발생하였으며 ₩900,000을 현금으로 회수하였다. 기말매출채권 잔액 ₩100,000 중 ₩85,000 회수 가능할 것으로 예상된다.

물음 1) 기말 결산시점에 대손충당금을 인식하는 회계처리를 하시오.
물음 2) 기말 재무상태표에 보고되는 매출채권과 대손충당금의 잔액은 각각 얼마인가?
물음 3) 포괄손익계산서에 보고되는 대손상각비는 얼마인가?

> **예제 6-1** | 풀이

물음 1)

20X1.12.31	(차) 대손상각비	15,000	(대) 대손충당금	15,000

물음 2)
기말 매출채권 = 1,000,000 – 900,000 = ₩100,000
기말 대손충당금 = ₩15,000

물음 3)
포괄손익계산서상 대손상각비 = ₩15,000

〈참고〉
관련계정과목은 재무제표에 다음과 같이 표시된다.

〈재무상태표〉		〈포괄손익계산서〉
자산	부채	수익
매출채권 100,000		
대손충당금 (15,000)		
		비용
	자본	대손상각비 (15,000)

(3) 대손충당금 설정 후의 회계처리

대손충당금을 설정한 이후의 상황별 회계처리는 다음과 같다.

① 매출채권의 대손발생

매출채권이 대손처리되는 경우 매출채권과 대손충당금을 상계처리한다. 매출채권 ₩100,000, 대손충당금 ₩15,000인 상태에서 매출채권 ₩2,000 대손처리된 경우 회계처리는 다음과 같다.

대손발생	(차) 대손충당금	2,000	(대) 매출채권	2,000

해당 회계처리 전후의 재무상태표는 다음과 같다.

재무상태표(대손처리 전)			재무상태표(대손처리 후)	
매출채권 100,000		→	매출채권 98,000	
대손충당금 (15,000)			대손충당금 (13,000)	

② 대손충당금 잔액을 초과하여 대손이 발생한 경우

대손충당금 잔액을 초과하여 대손이 발생한 경우, 대손충당금과 우선 상계처리하고 그 초과분은 대손상각비로 회계처리한다. 매출채권 ₩100,000, 대손충당금 ₩15,000인 상태에서 매출채권 ₩20,000 대손처리된 경우 회계처리는 다음과 같다.

대손발생	(차) 대손충당금 　　 대손상각비	15,000 5,000	(대) 매출채권	20,000

③ 대손처리했던 채권이 회수된 경우

과거에 회수 불가능하다고 판단하여 대손처리한 매출채권 ₩1,000이 당기에 현금으로 회수되었다고 가정하자. 이러한 경우 대손충당금 잔액을 증가시키는 회계처리를 한다.

대손채권회수	(차) 현금	1,000	(대) 대손충당금	1,000

> **참고자료** | 대손처리된 매출채권을 회수한 경우의 회계처리

20X1년 2월 1일 ₩10,000의 매출채권을 회수할 수 없다고 판단하여 해당 채권을 대손처리하였으나 3월 1일 현금으로 회수한 경우의 회계처리는 다음과 같다.

| 20X1. 2. 1 | (차) | 대손충당금 | 10,000 | (대) | 매출채권 | 10,000 |
| 20X1. 3. 1 | (차) | 현금 | 10,000 | (대) | 대손충당금 | 10,000 |

위의 두 회계처리를 합치면 다음과 같다.

| 합계 | (차) | 현금 | 10,000 | (대) | 매출채권 | 10,000 |

상각채권 회수시 대변에 대손충당금을 증가시키는 이유는 대손처리한 분개와 회수한 분개가 합쳐져서 올바른 분개로 다시 되돌리기 위함이다.

④ 대손충당금 잔액이 있는 경우의 대손충당금 추가 인식

 기말 결산 시점 대손충당금 잔액이 ₩1,000이며 대손예상액을 추정한 결과 ₩10,000이 나왔다고 가정하자. 이러한 경우 기말시점의 대손충당금 잔액은 ₩10,000되어야 하며 ₩9,000의 대손충당금을 추가로 설정해야 한다. 이 경우의 회계처리는 다음과 같다.

| 기말 | (차) | 대손상각비 | 9,000 | (대) | 대손충당금 | 9,000 |

> **예제 6-2** | 대손충당금

㈜ABC의 20X1년 초 대손충당금 잔액은 ₩10,000이었다. 기중에 다음과 같은 거래들이 발생하였다.

(1) 20X1년 7월 20일 : 매출채권 ₩12,000을 대손처리하였다.

(2) 20X1년 8월 10일 : 전기에 대손처리한 매출채권 ₩5,000이 현금으로 회수되었다.

(3) 20X1년 10월 15일 : 매출채권 ₩2,000을 대손처리하였다.

(4) 20X1년 말 시점 대손예상액은 ₩7,000이다.

㈜ABC의 일자별 회계처리를 하시오.

예제 6-2 | 풀이

20X1. 7.20	(차)	대손충당금	10,000	(대)	매출채권	12,000
		대손상각비	2,000			

대손충당금 잔액 이상으로 대손이 발생한 경우 대손충당금과 우선 상계처리하고 초과분은 대손상각비로 처리한다.

20X1. 8.10	(차)	현금	5,000	(대)	대손충당금	5,000

대손처리된 채권이 회수된 경우 대손충당금을 증가시킨다.

20X1.10.15	(차)	대손충당금	2,000	(대)	매출채권	2,000

대손발생시 대손충당금잔액과 상계처리한다.

20X1.12.31	(차)	대손상각비	4,000	(대)	대손충당금	4,000

기말 현재 대손충당금 잔액은 ₩3,000이며 대손예상액이 ₩7,000이므로 대손충당금 ₩4,000을 추가적으로 설정한다.

(4) 매출채권손상차손과 손실충당금

예전부터 대손충당금과 대손상각비라는 계정을 사용하여 왔으나, 최근에는 대손충당금 대신 손실충당금, 대손상각비 대신 매출채권손상차손이라는 계정을 사용하기 시작하였다. 현재는 모두 사용중이며 대손충당금과 손실충당금, 대손상각비와 매출채권손상차손은 명칭만 다를 뿐 동일한 계정과목이다.

> **참고자료** | 대손충당금의 회계처리와 증감

대손충당금은 자산의 차감계정이다. 대손충당금의 증가는 대변에 대손충당금의 감소는 차변에 회계처리한다. 매출채권과 대손충당금 잔액이 각각 ₩10,000, ₩500인데 대손예상액이 ₩800인 경우 다음과 같이 회계처리한다.

| 20X1.12.31 | (차) | 대손상각비 | 300 | (대) | 대손충당금 | 300 |

해당 회계처리 전후의 재무상태표는 다음과 같다.

재무상태표(대손처리 전)		재무상태표(대손처리 후)	
매출채권 10,000		매출채권 10,000	
대손충당금 (500)	→	대손충당금 (800)	

해당 회계처리 결과 대손충당금은 ₩500에서 ₩800으로 증가하였다. 대손충당금의 증가는 대변에 회계처리한다. 해당 거래결과 자산의 합계는 ₩9,500에서 ₩9,200으로 감소한다. 대손충당금은 자산의 차감계정이며 자산의 차감액이 커질수록 대손충당금이 커진다고 표현한다.

CHAPTER

재고자산

제1절 | 재고자산 일반사항
제2절 | 매출원가의 기록방법
제3절 | 원가흐름의 가정
제4절 | 기말재고자산에 포함될 항목
제5절 | 재고자산의 감모와 저가평가
제6절 | 소매재고법
제7절 | 매출총이익률법
제8절 | 순매입액 계산

CHAPTER 07 | 재고자산

제1절 재고자산 일반사항

(1) 재고자산의 의의

재고자산(inventory)이란 기업의 정상적인 영업과정에서 판매하기 위해 보유하는 자산을 말한다. 재고자산은 외부에서 구입한 상품과 직접 제조한 제품 등으로 구분 가능하다. 상기업의 재고자산(상품)의 원가흐름을 그림으로 표현하면 다음과 같다.

[표 7-1] 상품의 원가흐름

기초재고	XXX
매입	XXX

=

매출원가	XXX
기말재고	XXX

(2) 발생주의에 따른 재고자산의 회계처리

20X1년 12월 30일 원가 ₩100의 물건을 매입하여 20X2년 1월 5일 ₩120에 판매했다고 가정하자. 해당 거래를 통해 ₩120의 매출과 ₩100의 매출원가가 발생하였다. 발생주의 회계에 의하면 ₩100의 매출원가는 현금이 지출된 시점 (20X1년 12월 30일)이 아닌 수익이 발생한 시점 (20X2년 1월 5일) 인식한다. 따라서 상품의 매입시점과 판매시점의 회계처리는 다음과 같다.

20X1.12.30	(차)	상품	100	(대)	현금	100
20X2. 1. 5	(차)	현금	120	(대)	매출	120
		매출원가	100		상품	100

20X1년 포괄손익계산서에는 수익과 비용이 나타나지 않고 20X2년 포괄손익계산서에 매출 ₩120과 매출원가 ₩100이 보고된다. 이처럼 수익이 발생하는 시점에 관련된 비용을 인식하는 것을 수익과 비용의 대응이라고 한다.

> **예제 7-1** | 매입과 매출의 회계처리

20X1년 1월 5일 원가 ₩100의 상품을 매입하고 2월 4일 ₩140에 판매하였다.
1월 5일과 2월 4일의 회계처리를 하시오.

> **예제 7-1** | 풀이

20X1. 1. 5	(차)	상품	100	(대)	현금	100
20X1. 2. 4	(차)	현금	140	(대)	매출	140
		매출원가	100		상품	100

(3) 재고자산의 취득원가

외부에서 구입하는 재고자산의 취득원가는 매입가격에 기타 취득부대비용을 가산한 금액으로 한다. 매입할인이나 리베이트는 매입가격에서 차감하며, 매입가격 이외에 제세금, 매입운임, 하역료, 관세, 보관비용 등 취득 관련 기타 부대비용이 발생하는 경우 재고자산의 취득원가에 가산한다. 재고자산의 취득과 관련이 없는 판매수수료, 판매운임 등은 재고자산의 취득원가에 가산하지 않고 발생시점에 비용처리한다.

> **예제 7-2** | 재고자산의 취득원가

㈜ABC는 20X1년 3월 3일 현금 ₩1,000,000을 지급하고 재고자산을 구입하였다. 재고자산 매입과 관련된 추가자료는 다음과 같다.

(1) 판매자로부터 매입할인 ₩20,000을 받았다.
(2) 재고자산을 취득하는 과정에서 발생한 매입운임은 ₩5,000이다.
(3) 20X1년 4월 1일 해당 재고자산을 ₩1,200,000에 판매하였으며, ㈜ABC가 지출한 판매운임 ₩6,000이다.

물음 1) 재고자산의 취득원가는 얼마인가?
물음 2) 재고자산 취득과 관련된 회계처리를 하시오.

예제 7-2 | 풀이

물음 1)

재고자산의 취득원가 = 1,000,000 + (20,000) + 5,000 = ₩985,000

물음 2)

20X1. 3. 3	(차)	상품	980,000	(대)	현금	980,000
	(차)	상품	5,000	(대)	현금	5,000
20X1. 4. 1	(차)	현금 매출원가	1,200,000 985,000	(대)	매출 상품	1,200,000 985,000
	(차)	판매비	6,000	(대)	현금	6,000

판매운임은 재고자산의 취득과 관련된 지출이 아니므로 재고자산 취득원가로 인식하지 않고, 지출시점에 판매비로 처리한다. 매입운임과 판매운임의 회계처리는 다르지만 근본적인 공통점을 발견할 수 있다. 매입운임과 판매운임 둘 다 4월 1일 매출 ₩1,200,000을 발생시키기 위한 비용이며, 매입운임은 매출원가로서 판매운임은 판매비로 매출이 발생한 날 비용처리된다는 점이다. 수익이 발생한 시점에 관련된 비용을 인식하는 수익과 비용 대응의 예이다.

제2절　매출원가의 기록방법

(1) 매출원가의 기록방법

　재고자산의 수량을 파악하고 이에 관련된 매출원가의 회계처리를 하는 방법은 계속기록법과 실지재고조사법이 있다.

(2) 계속기록법

　계속기록법(perpetual inventory system)이란 재고자산이 출고될 때마다 수량을 파악하고 매출원가를 실시간으로 인식하는 방법이다. 재고자산 판매 빈도가 적은 기업에게 적합한 방법이다.

[표 7-2] 계속기록법하의 매출원가 계산

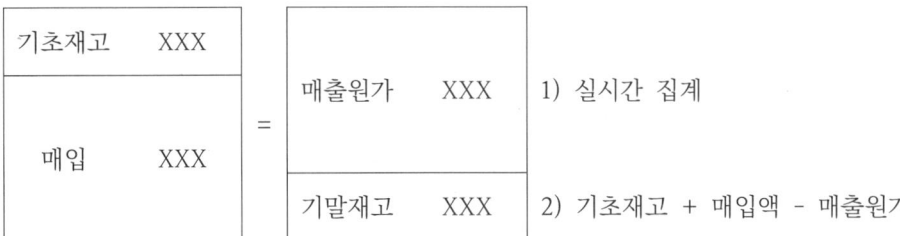

예제 7-3 ｜ 계속기록법

㈜ABC의 재고자산과 관련된 자료는 다음과 같다.

(1) ㈜ABC는 계속기록법을 적용하여 매출원가를 인식한다.
(2) 재고자산의 매입액은 단위당 ₩100, 판매가는 단위당 ₩200이다.
(3) 기초재고자산은 50단위이며, 20X1년 매출 및 매입 내역은 다음과 같다.

날짜	매입수량	매출수량
20X1. 1. 4	50단위	
20X1. 3. 3		40단위
20X1. 5. 9	150단위	
20X1. 6. 6		160단위
20X1. 8. 2	20단위	

물음 1) 해당 거래에 대한 회계처리를 하시오.
물음 2) 매출원가와 기말재고자산을 구하시오.

예제 7-3 | 풀이

물음 1)

20X1. 1. 4	(차)	상품	5,000	(대)	현금	5,000
20X1. 3. 3	(차)	현금 매출원가	8,000 4,000	(대)	매출 상품	8,000 4,000
20X1. 5. 9	(차)	상품	15,000	(대)	현금	15,000
20X1. 6. 6	(차)	현금 매출원가	32,000 16,000	(대)	매출 상품	32,000 16,000
20X1. 8. 2	(차)	상품	2,000	(대)	현금	2,000

물음 2)

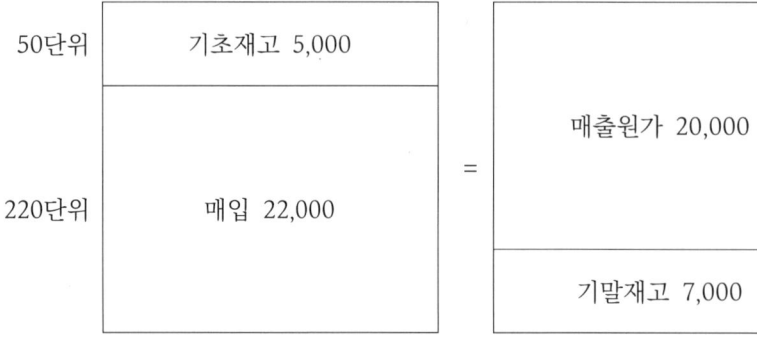

매출원가 = 200개 × @100 = ₩20,000
기말재고자산 = 5,000 + 22,000 − 20,000 = ₩7,000

(3) 실지재고조사법

일반적인 상기업의 경우 하루에도 수십 번의 매출 거래가 발생한다. 이러한 기업은 거래가 발생할 때마다 매출원가를 인식하는 회계처리를 하는 것은 현실적으로 불가능하다. 따라서 계속기록법을 적용하기 어려운 기업은 실지재고조사법을 적용한다. 실지재고조사법은 재고자산의 판매 시점마다 매출원가를 인식하지 않고, 기말결산시점에 매출원가를 한 번에 인식하는 회계처리 방법이다.

① 실지재고조사법의 기본원리

기말 재고자산 실사를 통해 해당 금액을 정확히 파악할 수 있다면 이를 바탕으로 매출원가 계산이 가능하다. 기초재고자산에 매입액을 더한 후 기말재고자산 실사금액을 차감하여 매출원가를 계산할 수 있다.

예제 7-4 | 실지재고조사법의 기본원리

㈜ABC는 실지재고조사법을 적용하여 재고자산에 대한 회계처리를 한다. 재고자산과 관련된 자료는 다음과 같다.

(1) 기초 재고자산은 ₩10,000, 당기 매입액은 ₩50,000이다.

(2) 기말 재고자산 실사 결과 해당 금액은 ₩12,000이다.

㈜ABC의 매출원가를 구하시오.

예제 7-4 | 풀이

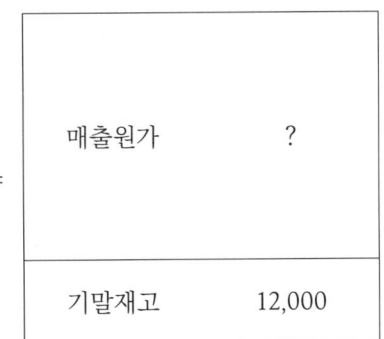

매출원가 = 10,000 + 50,000 - 12,000 = ₩48,000

② 매입시점의 회계처리

계속기록법을 적용하는 경우 재고자산 매입시 상품이라는 계정으로 회계처리한다. 반면 실지재고조사법에서는 매입이라는 계정으로 회계처리한다. 재고자산 100단위를 단위당 ₩500에 매입한 경우의 회계처리는 다음과 같다.

| 재고자산매입 | (차) | 매입 | 50,000 | (대) | 현금 | 50,000 |

③ 판매시점의 회계처리

계속기록법을 적용하는 경우 재고자산 판매시 매출원가를 인식하한다. 반면, 실지재고조사법은 판매시점에 매출원가를 인식하지 않고 기말결산시 한번에 매출원가를 인식한다.

| 재고자산판매 | (차) | 현금 | XXX | (대) | 매출 | XXX |

④ 기말 결산시점의 회계처리

실지재고조사법을 적용하는 경우 기말 결산시점에 매출원가를 인식한다. 상품(기초)와 매입을 제거하고 해당 금액을 매출원가와 상품(기말)에 배분한다. 기초상품이 ₩10,000, 매입 ₩50,000이며, 기말상품이 ₩12,000인 경우의 기말결산 회계처리는 다음과 같다.

| 기말결산 | (차) | 매출원가 | 48,000 | (대) | 상품(기초) | 10,000 |
| | | 상품(기말) | 12,000 | | 매입 | 50,000 |

예제 7-5 | 실지재고조사법

㈜ABC의 재고자산과 관련된 자료는 다음과 같다.

(1) ㈜ABC는 실지재고법을 적용하여 매출원가를 인식한다.

(2) 재고자산의 매입액은 단위당 ₩100, 판매가는 단위당 ₩200이다.

(3) 기초재고자산은 50단위이며, 20X1년 매출 및 매입 내역은 다음과 같다.

날짜	매입수량	매출수량
20X1. 1. 4	50단위	
20X1. 3. 3		40단위
20X1. 5. 9	150단위	
20X1. 6. 6		160단위
20X1. 8. 2	20단위	

물음 1) 매출원가와 기말재고자산을 구하시오.

물음 2) 해당 거래에 대한 회계처리를 하시오.

예제 7-5 | 풀이

물음 1)

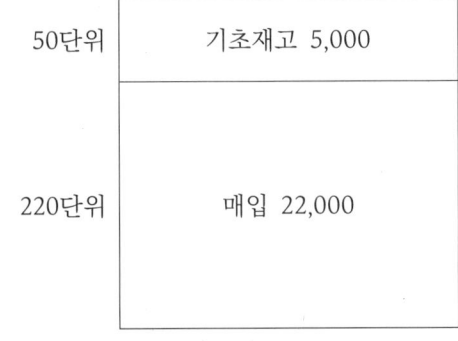

기말재고자산 = 70개 × @100 = ₩7,000

매출원가 = 5,000 + 22,000 - 7,000 = ₩20,000

물음 2)

일자		차변		금액		대변	금액
20X1. 1. 4	(차)	매입		5,000	(대)	현금	5,000
20X1. 3. 3	(차)	현금		8,000	(대)	매출	8,000
20X1. 5. 9	(차)	매입		15,000	(대)	현금	15,000
20X1. 6. 6	(차)	현금		32,000	(대)	매출	32,000
20X1. 8. 2	(차)	매입		2,000	(대)	현금	2,000
20X1.12.31	(차)	매출원가 상품(기말)		20,000 7,000	(대)	상품(기초) 매입	5,000 22,000

제3절 원가흐름의 가정

(1) 원가흐름 가정의 필요성

기중 다음과 같은 매입거래가 있었으며 판매량은 350개라 가정하자. (단, 실지재고조사법을 적용한다.)

날짜	매입수량	단가	매입액
기초수량	100	@100	₩10,000
4월 5일	100	@110	₩11,000
6월 9일	200	@105	₩21,000
8월 8일	100	@120	₩12,000

판매가능재고의 합계는 500개이며 이중 350개가 판매되었으며 기말현재 150개의 상품이 남아있다. 재고자산의 수량을 그림으로 표현하면 다음과 같다.

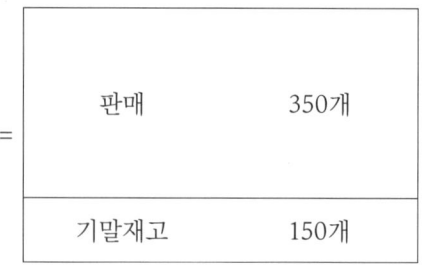

이런 경우 기말상품 150개의 단위당 가격은 얼마가 되어야 타당한지에 대한 문제가 생긴다. 만약에 기중에 매입한 상품의 단가가 전부 ₩100이라면 기말에 남아있는 상품의 단가는 당연히 ₩100이 되며 논란의 여지가 없을 것이다. 하지만 이번 경우 상품의 단가는 ₩100부터 ₩120까지 다양하며 어떤 단가를 적용하느냐에 따라 기말재고자산과 매출원가로 인식할 금액이 달라진다. 이러한 문제를 해결하기 위해서는 원가흐름의 가정이 필요하다. 원가흐름의 가정은 가중평균법, 선입선출법, 후입선출법이 있으며 각 방법의 특징은 다음과 같다. (단, 현행 국제회계기준에서는 후입선출법의 적용을 금지한다.)

> (1) 선입선출법 : 먼저 매입한 상품이 먼저 팔린다고 가정한다.
> (2) 후입선출법 : 나중에 매입한 상품이 먼저 팔린다고 가정한다.
> (3) 가중평균법 : 매입한 순서와 상관없이 평균적으로 상품이 팔린다고 가정한다.

① 선입선출법을 적용하는 경우

선입선출법에 의하면 기말상품은 150개는 최근에 매입한 상품들로 구성된다. 따라서 기말상품은 8월 8일 매입분 100개(100개 × @₩120 = ₩12,000)와 6월 9일 매입분 50개(50개 × ₩105 = ₩5,250)로 구성된다. 따라서 기말상품금액은 ₩17,250이다. 선입선출법을 적용하는 경우 재고자산의 흐름은 다음과 같다.

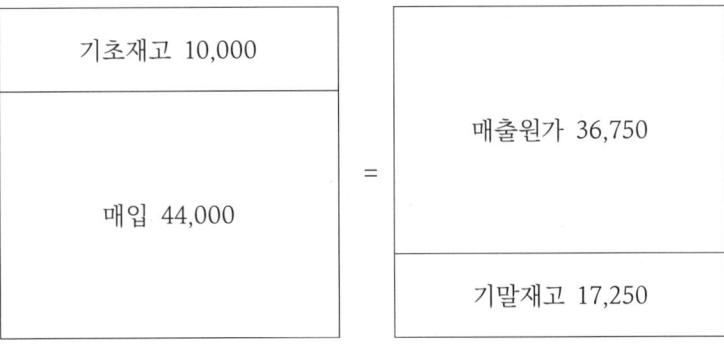

② 평균법을 적용하는 경우

평균법에 의하면 당기 총 판매가능수량은 500개, 금액은 ₩54,000이므로 평균 단가는 ₩108이다. 따라서 기말상품금액은 ₩16,200(150개 × @108 = ₩16,200)이다. 평균법을 적용하는 경우 재고자산의 흐름은 다음과 같다.

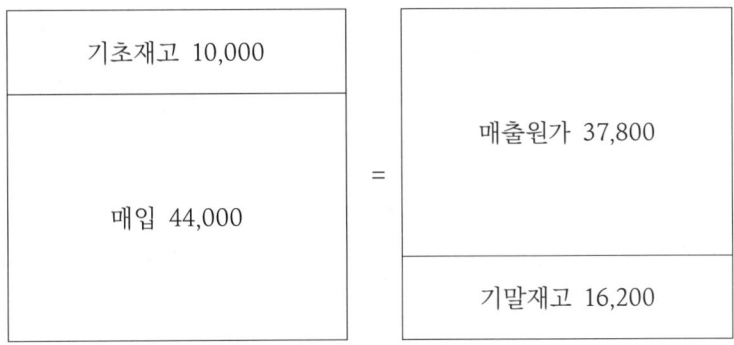

(2) 계속기록법과 원가흐름가정

① 계속기록법하의 평균법 (이동평균법)

계속기록법하에서는 실시간으로 매출원가를 인식해야 하며, 평균법을 적용하는 경우 매출시점마다 보유하고 있는 재고자산의 평균단가를 구하여 매출원가를 인식한다. 계속기록법하의 평균법은 매입시마다 평균단가를 계산해야하며, 평균단가가 계속 이동하므로 이동평균법이라고도 한다.

예제 7-6 | 계속기록법하의 평균법

㈜ABC는 계속기록법하의 평균법을 적용하여 매출원가를 인식한다. ㈜ABC의 매입 및 매출에 대한 자료는 다음과 같다.

날짜	거래내용	수량	매입단가
1월 1일	기초재고	100개	₩100
8월 6일	판매	50개	
9월 10일	매입	200개	₩125
10월 20일	판매	200개	

㈜ABC의 기말재고자산과 매출원가를 구하시오.

예제 7-6 | 풀이

날짜	입고 (매입)			출고 (매출원가)			잔액		
	수량	단가	금액	수량	단가	금액	수량	단가	금액
기초재고	100	@100	₩10,000				100	@100	₩10,000
8월 6일				50	@100	₩5,000	50	@100	₩5,000
9월 10일	200	@125	₩25,000				250	@120	₩30,000
10월 20일				200	@120	₩24,000	50	@120	₩6,000

매출원가 = 5,000 + 24,000 = ₩29,000

기말 재고자산 = ₩6,000

기초재고	10,000		매출원가	29,000
매입	25,000	=	기말재고	6,000

일자별 회계처리는 다음과 같다.

20X1. 8. 6	(차)	현금	XXX	(대)	매출	XXX
		매출원가	5,000		상품	5,000
20X1. 9.10	(차)	상품	25,000	(대)	현금	25,000
20X1.10.20	(차)	현금	XXX	(대)	매출	XXX
		매출원가	24,000		상품	24,000

② 계속기록법하의 선입선출법

계속기록법하에서의 선입선출법에서는 실시간으로 매출원가를 파악하되 먼저 매입한 상품부터 매출원가로 처리한다.

예제 7-7 | 계속기록법하의 선입선출법

㈜ABC는 계속기록법하의 선입선출법을 적용하여 매출원가를 인식한다. ㈜ABC의 매입 및 매출에 대한 자료는 다음과 같다.

날짜	거래내용	수량	매입단가
1월 1일	기초재고	100개	₩100
8월 6일	판매	50개	
9월 10일	매입	200개	₩125
10월 20일	판매	200개	

㈜ABC의 기말재고자산과 매출원가를 구하시오.

예제 7-7 | 풀이

날짜	입고 (매입)			출고 (매출원가)			잔액		
	수량	단가	금액	수량	단가	금액	수량	단가	금액
기초재고	100	@100	₩10,000				100	@100	₩10,000
8월 6일				50	@100	₩5,000	50	@100	₩5,000
9월 10일	200	@125	₩25,000				50	@100	₩5,000
							200	@125	₩25,000
10월 20일				50	@100	₩5,000	50	@125	₩6,250
				150	@125	₩18,750			

매출원가 = 5,000 + 23,750 = ₩28,750
기말 재고자산 = ₩6,250

기초재고	10,000	
매입	25,000	= 매출원가 28,750 / 기말재고 6,250

일자별 회계처리는 다음과 같다.

20X1. 8. 6	(차)	현금 매출원가	XXX 5,000	(대)	매출 상품	XXX 5,000
20X1. 9.10	(차)	상품	25,000	(대)	현금	25,000
20X1.10.20	(차)	현금 매출원가	XXX 23,750	(대)	매출 상품	XXX 23,750

(3) 실지재고조사법과 원가흐름가정

실지재고조사법하에서의 평균법 적용시 판매가능재고(기초재고자산과 매입의 합)의 총평균단가를 구한 후 기말재고자산의 단가는 총평균단가라고 가정한다.

실지재고조사법하에서의 선입선출법 적용시 기말재고자산의 단가는 가장 최근에 매입재고의 단가로 구성되어 있다고 가정한다.

예제 7-8 | 실지재고조사법

다음은 ㈜ABC의 매입 및 판매에 관한 자료이다. 상품의 판매가격은 단위당 ₩200이다.

날짜	거래내용	수량	매입단가
1월 1일	기초재고	100개	₩50
2월 16일	매입	200개	₩80
3월 3일	판매	100개	
8월 10일	매입	100개	₩100
8월 20일	판매	150개	

물음 1) 실지재고조사법하의 평균법을 가정한 경우 회계처리를 하시오.
물음 2) 실지재고조사법하의 선입선출법을 가정한 경우 회계처리를 하시오.

예제 7-8 | 풀이

물음 1)

기초재고 5,000	매출원가 19,375
매입 26,000	기말재고 11,625

총평균단가 = $\dfrac{\text{₩}31,000}{400\text{개}}$ = ₩77.5

기말재고 = 150개 × @77.5 = ₩11,625

매출원가 = 31,000 - 11,625 = ₩19,375

20X1. 2.16	(차)	매입	16,000	(대)	현금	16,000
20X1. 3. 3	(차)	현금	20,000	(대)	매출	20,000
20X1. 8.10	(차)	매입	10,000	(대)	현금	10,000
20X1. 8.20	(차)	현금	30,000	(대)	매출	30,000
20X1.12.31	(차)	매출원가 상품(기말)	19,375 11,625	(대)	상품(기초) 매입	5,000 26,000

물음 2)

기초재고 5,000	매출원가 17,000
매입 26,000	기말재고 14,000

기말재고 = 100개 × @100 + 50개 × @80 = ₩14,000

매출원가 = 31,000 - 14,000 = ₩17,000

20X1. 2.16	(차)	매입	16,000	(대)	현금	16,000
20X1. 3. 3	(차)	현금	20,000	(대)	매출	20,000
20X1. 8.10	(차)	매입	10,000	(대)	현금	10,000
20X1. 8.20	(차)	현금	30,000	(대)	매출	30,000
20X1.12.31	(차)	매출원가 상품(기말)	17,000 14,000	(대)	상품(기초) 매입	5,000 26,000

제4절 기말재고자산에 포함될 항목

(1) 재고자산실사금액과 기말재고자산의 차이

일반적으로 창고에 있는 기말재고자산과 재무상태표에 표시될 기말재고자산의 금액은 일치하지 않는다. 그 이유는 창고에 있는 재고자산 중 회사 소유 재고자산이 아닌 부분(이미 판매 되었지만 고객의 요청에 따라 보관하고 있는 경우 등)이 있을 수 있으며, 회사 소유의 재고자산이 여러 가지 사유로 창고 밖에서 보관 중일 수도 있기 때문이다.

실지재고조사법을 적용하는 경우 기말재고자산실사금액에 창고 밖에 있는 재고자산을 가산하고, 기말재고실사에는 포함되었으나 회사의 재고자산이 아닌 부분을 차감하여 기말재고자산을 산출한다.

[표 7-3] 기말재고자산에 포함될 항목

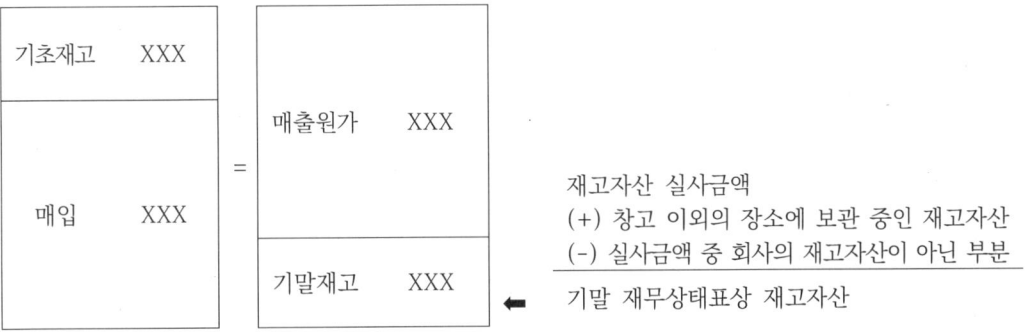

(2) 미착상품

미착상품(goods in transit)은 운송 중에 있어 아직 도착하지 않은 상품으로 인도조건에 따라 재고자산의 포함 유무를 결정한다.

① 매입자 입장

상품의 인도조건은 선적지인도조건(F.O.B shipping point)과 도착지인도조건(F.O.B destination)이 있다. 매입자의 입장에서는 선적지인도조건의 경우 선적지에서 소유권이 회사로 넘어왔으므로 해당 미착상품은 기말재고자산에 포함한다. 반면 도착지인도조건의 경우 도착지점에서 소유권이 인도되므로 매입을 인식하지 않으며 또한 해당 재고자산을 기말재고자산에 포함하지 않는다.

② 판매자 입장

선적지인도조건으로 상품을 판매한 경우 선적시점에 매출을 인식하며 해당 재고자산을 매출원가로 처리한다. 반면 도착지인도조건으로 판매한 경우 도착지 시점에 매출을 인식하므로, 도착전에는 해당 항목을 회사의 기말 재고자산에 포함한다.

[표 7-4] 미착상품

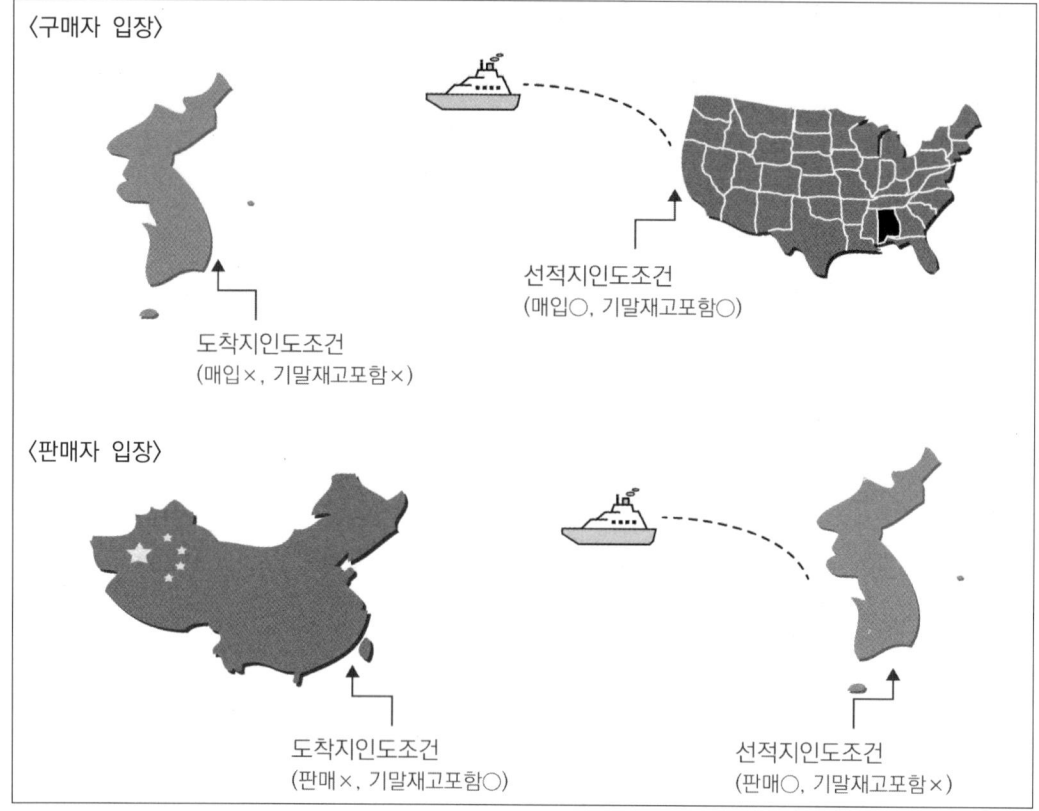

(3) 시송품

시송품(goods on approval)은 매입자가 일정기간 사용 후 매입 여부를 결정하는 조건으로 판매한 상품을 말한다. 구매자가 매입의사를 표시하기 전에는 매출을 인식하지 않으며 해당 재고자산은 회사의 재고자산에 포함된다.

(4) 적송품

적송품(goods on consignment)은 위탁자가 판매를 위탁하기 위하여 수탁자에게 보낸 상품을 말한다. 수탁자가 보관하고 있는 적송품은 제3자에게 판매하기 전까지는 수익을 인식하지 않으며 해당 적송품은 위탁자의 기말재고자산에 포함된다.

(5) 저당상품

저당상품(goods on mortgage)은 금융기관 등으로부터 자금을 차입하고 그 담보로 제공된 상품을 말한다. 저당권이 실행되기 전까지는 담보제공자가 소유권을 가지고 있으며 기말재고자산에 포함된다.

예제 7-9 | 기말재고자산에 포함될 항목

㈜ABC는 실지재고조사법을 적용하여 재고자산에 대한 회계처리를 한다. 재고자산과 관련된 자료는 다음과 같다.

(1) 기초재고자산은 ₩1,500,000, 당기매입액은 ₩5,000,000이다.
(2) 기말 재고자산을 실사한 결과 재고자산의 금액은 ₩1,000,000이다.
(3) 20X1년 12월 29일 A사로부터 선적지 인도조건으로 상품 ₩10,000을 매입하였으며 해당 상품은 기말현재 운송중이다.
(4) 20X1년 12월 30일 B사로부터 도착지 인도조건으로 상품 ₩5,000을 매입하였으며 해당 상품은 기말현재 운송중이다.
(5) 20X1년 12월 28일 C사에게 선적지 인도조건으로 상품 ₩20,000을 판매하였으며 해당 상품은 기말현재 운송중이다.
(6) 20X1년 12월 30일 D사에게 도착지 인도조건으로 상품 ₩15,000을 판매하였으며 해당 상품은 기말현재 운송중이다.
(7) 시용판매 조건으로 판매한 상품 중 구입자가 매입의사를 표시하지 않은 부분의 원가는 ₩40,000이다.
(8) 회사는 위탁판매를 하고 있으며 수탁자인 E사에게 원가 ₩200,000의 상품을 발송하였다. 기말현재까지 E사는 원가 ₩150,000의 상품을 판매하였다.
(9) 판매 완료되었으나 구매자의 요구로 창고에 보관중인 재고자산 ₩35,000이 존재한다.

물음 1) 재무상태표에 표시할 기말재고자산을 구하시오.
물음 2) 포괄손익계산서에 표시할 매출원가를 구하시오.

예제 7-9 | 풀이

물음 1)

기말현재 창고에 보관중인 재고자산	₩1,000,000
(3) 미착상품(선적지인도조건 매입)	10,000
(6) 미착상품(도착지인도조건 판매)	15,000
(7) 시송품	40,000
(8) 적송품	50,000
(9) 판매된 재고자산	(35,000)
기말재무상태표에 표시될 재고자산	₩1,080,000

물음 2)

기초재고	1,500,000	매출원가	5,420,000
매입액	5,000,000	기말재고	1,080,000

매출원가 = 1,500,000 + 5,000,000 − 1,080,000 = ₩5,420,000

제5절 재고자산의 감모와 저가평가

(1) 재고자산의 감모

기초재고자산과 당기매입재고는 판매된 부분은 매출원가로 비용처리되며 판매되지 않은 부분은 기말재고자산이 된다. 판매 이외의 이유로 재고자산이 감소할 수 있다. 이러한 대표적인 예가 재고자산의 감모손실이다. 일반적으로 재고자산감모손실중 정상적으로 발생한 부분은 매출원가로 회계처리하며 비정상적인 부분은 영업외비용으로 회계처리한다. (현행 국제회계기준에는 정상감모와 비정상감모의 매출원가 포함 여부에 대한 규정이 없으므로 출제자의 지시를 따른다.)

(2) 저가평가의 의의

재고자산의 진부화, 물리적 파손 등으로 재고자산의 순실현가치가 취득원가보다 낮아지는 경우 해당 금액은 재고자산평가손실이라는 명칭으로 당기비용처리한다. 기말 재고자산의 장부금액이 ₩10,000, 순실현가치가 ₩9,500인 경우의 회계처리는 다음과 같다.

저가평가	(차) 재고자산평가손실	500	(대) 재고자산평가충당금	500

재고자산평가충당금은 재고자산의 차감계정이며, 저가평가로 인하여 감소한 재고자산의 금액을 의미한다. 기말 재무상태표에는 재고자산이 다음과 같이 표시된다.

〈재무상태표〉

자산		부채
재고자산	10,000	
재고평가충당금	(500)	
		자본

일반적으로 저가법 평가로 인해 감소된 기말재고자산의 금액은 매출원가로 회계처리한다. (현행 국제회계기준에는 재고자산평가손실의 매출원가 포함 여부에 대한 규정이 없으므로 출제자의 지시를 따른다.)

(3) 순실현가치

순실현가치는 자산의 판매가치에서 판매까지 투입될 비용을 차감한 금액이다. 상품의 순실현가치는 판매가격에서 판매비를 차감하여 산출한다.

예제 7-10 | 재고자산 감모손실과 저가평가

㈜ABC의 20X1년 재고자산과 관련된 자료는 다음과 같다.

(1) 기초상품재고액은 ₩500,000, 당기매입액은 ₩6,500,000이다.
(2) 장부상 재고자산의 수량은 100개이며 단위당 원가는 ₩10,000이다.
(3) 기말 재고자산 실사 결과 재고자산의 수량은 90개였다.
(4) 회사는 감모수량의 60%를 정상감모로 인식하였다.
(5) 기말재고자산의 순실현가치는 단위당 ₩9,000이다.
(6) ㈜ABC는 실지재고조사법을 적용한다.

물음 1) 재고자산감모손실과 평가손실을 매출원가에 포함하지 않을 경우의 매출원가를 구하시오.
물음 2) 재고자산평가손실을 매출원가에 포함할 경우의 매출원가를 구하시오.
물음 3) 정상감모와 평가손실을 매출원가에 포함할 경우의 매출원가를 구하시오.

예제 7-10 | 풀이

물음 1)

기초재고 500,000	판매 6,000,000
매입액 6,500,000	감모손실 100,000
	기말재고 900,000 (평가충당금 90,000)

감모손실 = 10개 × @10,000 = ₩100,000 (정상감모 ₩60,000, 비정상감모 ₩40,000)
기말평가충당금 = 90개 × @1,000 = ₩90,000
매출원가 = ₩6,000,000

20X1.12.31	(차)	매출원가	6,000,000	(대)	상품(기초)	500,000
		재고자산감모손실	100,000		매입	6,500,000
		상품(기말)	900,000			
	(차)	재고자산평가손실	90,000	(대)	재고평가충당금	90,000

〈재무상태표〉				〈포괄손익계산서〉	
자산		부채		수익	
상품	900,000				
평가충당금	(90,000)				
		자본		비용	
				매출원가	(6,000,000)
				감모손실	(100,000)
				평가손실	(90,000)

물음 2)

매출원가 = 6,000,000 + 90,000 = ₩6,090,000

20X1.12.31	(차)	매출원가	6,000,000	(대)	상품(기초)	500,000
		재고자산감모손실	100,000		매입	6,500,000
		상품(기말)	900,000			
	(차)	매출원가	90,000	(대)	재고평가충당금	90,000

〈재무상태표〉				〈포괄손익계산서〉	
자산		부채		수익	
상품	900,000				
평가충당금	(90,000)				
		자본		비용	
				매출원가	(6,090,000)
				감모손실	(100,000)

물음 3)

매출원가 = 6,000,000 + 60,000 + 90,000 = ₩6,150,000

20X1.12.31	(차)	매출원가	6,060,000	(대)	상품(기초)	500,000
		재고자산감모손실	40,000		매입	6,500,000
		상품(기말)	900,000			
	(차)	매출원가	90,000	(대)	재고평가충당금	90,000

〈재무상태표〉		〈포괄손익계산서〉
자산 　상품　　　　900,000 　평가충당금　(90,000)	부채	수익
	자본	비용 　매출원가　(6,150,000) 　감모손실　　 (40,000)

제6절 소매재고법

(1) 소매재고법의 의의

소매재고법이란 재고자산의 판매가격에 적절한 원가율을 반영하여 원가로 환원시키는 재고자산추정방법으로 매출가격환원법이라고도 불린다. 소매재고법은 실무적으로 다른 원가측정방법을 사용할 수 없고 실제원가와 유사한 경우 외부보고 목적으로 사용할 수 있다.

(2) 소매재고법 계산구조

소매재고법에서는 판매가기준으로 물량의 흐름을 파악하여 기말재고자산의 판매가를 산출한다. 이때 판매가 기준의 매입은 순인상액과 순인하액을 반영하여 결정한다. 회사는 최초의 판매가를 인상 또는 인하할 수 있으며, 다시 인상취소나 인하취소를 할 수 있다. 인상액과 인상취소의 차액을 순인상액, 인하액과 인하취소액의 차액을 순인하액이라 한다.

[표 7-5] 소매재고법의 계산구조

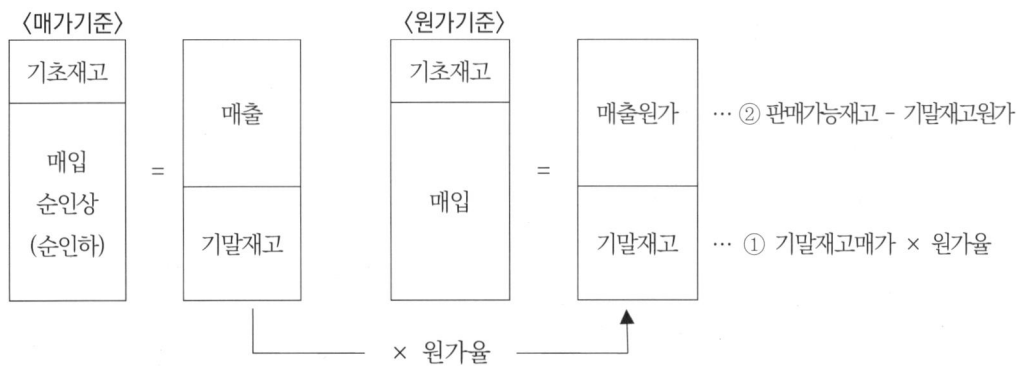

원가흐름의 가정에 따라 적용할 원가율은 다음과 같다.

⟨평균법⟩

$$평균법원가율 = \frac{기초재고원가 + 당기매입원가}{기초재고매가 + 당기매입매가 + 순인상액 - 순인하액}$$

⟨선입선출법⟩

$$선입선출법원가율 = \frac{당기매입원가}{당기매입매가 + 순인상액 - 순인하액}$$

예제 7-11 | 소매재고법

소매재고법을 적용하는 ABC마트의 20X1년 재고자산 관련 자료는 다음과 같다.

항목	원가	매가
기초재고	₩1,200	₩2,000
당기매입액	6,800	7,800
매출액		9,000
인상액		1,200
인상취소		200
인하액		900
인하취소		100

물음 1) 평균법에 의한 원가율, 기말재고자산, 매출원가를 구하시오.
물음 2) 선입선출법에 의한 원가율, 기말재고자산, 매출원가를 구하시오.

예제 7-11 | 풀이

물음 1)
평균법에 의한 원가율 및 기말재고원가, 매출원가는 다음과 같다.

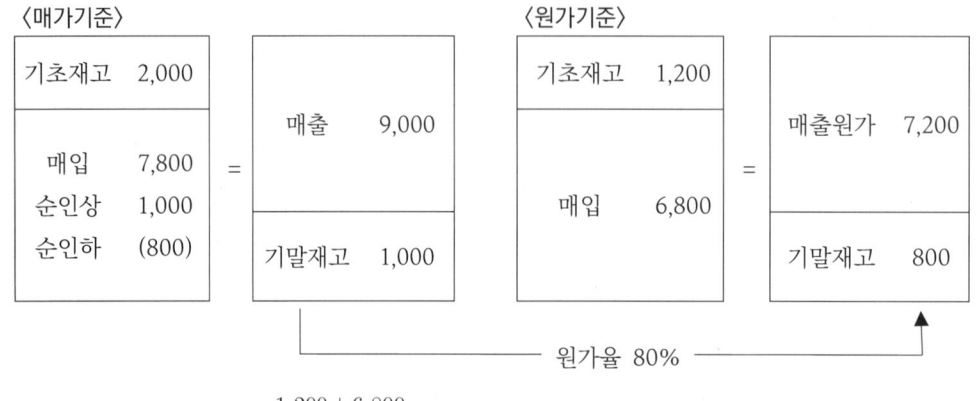

$$\text{평균법원가율} = \frac{1,200 + 6,800}{2,000 + 7,800 + 1,000 - 800} = 80\%$$

물음 2)
선입선출법에 의한 원가율 및 기말재고원가, 매출원가는 다음과 같다.

〈매가기준〉

기초재고	2,000
매입	7,800
순인상	1,000
순인하	(800)

=

매출	9,000
기말재고	1,000

〈원가기준〉

기초재고	1,200
매입	6,800

=

매출원가	7,150
기말재고	850

────── 원가율 85% ──────

선입선출법원가율 = $\dfrac{6,800}{7,800+1,000-800}$ = 85%

제7절　매출총이익률법

(1) 매출총이익률법의 의의

매출총이익률법이란 매출총이익률을 이용하여 재고자산의 가액을 추정하는 방법이다. 매출총이익률법은 화재 등의 재난으로 인해 재고자산에 대한 기록을 이용할 수 없거나 실지재고조사를 하지 않고 중간결산을 하는 경우 등 회사의 필요에 의해 사용한다.

(2) 매출총이익률법과 매출원가율

매출총이익률은 전체 매출에서 매출총이익이 차지하는 비율을 의미하며, 매출원가율은 전체 매출에서 매출원가가 차지하는 비율을 의미한다. 매출총이익률과 매출원가율의 관계를 그림으로 표시하면 다음과 같다.

[표 7-6] 매출총이익률과 매출원가율

매출	XXX
(−) 매출원가	(XXX)
매출총이익	XXX

$$\text{매출총이익률} = \frac{\text{매출총이익}}{\text{매출액}}$$

$$\text{매출원가율} = \frac{\text{매출원가}}{\text{매출액}}$$

⇨ 매출총이익률 + 매출원가율 = 100%

매출총이익률과 매출원가율의 합은 위의 표와 같이 언제나 "1"이 되며 둘 중 하나를 알면 다른 하나는 역산하여 구할 수 있다.

예제 7-12 | 매출총이익률법

20X1년 3월 31일 ㈜ABC의 창고에 화재가 발생하여 보관상품의 대부분이 소실되고 ₩600,000만 회수가능하였다. 기초부터 화재직전까지의 재고자산 관련자료는 다음과 같다.

(1) 기초상품 : ₩1,000,000

(2) 매입액 : ₩10,000,000

(3) 매출액 : ₩11,500,000

(4) 매출총이익률 : 20%

화재로 인하여 소실된 상품의 원가를 구하시오.

예제 7-12 | 풀이

매출원가율 = 80%
매출원가 = 11,500,000 × 80% = ₩9,200,000

주어진 자료를 바탕으로 재고자산의 증감내역을 파악하면 다음과 같다.

	기초	+	증가	=	감소	+	기말
재고자산	1,000,000		매입 10,000,000		매출원가 9,200,000 화재 1,200,000		600,000

화재로 소실된 재고자산은 ₩1,200,000으로 추정된다.

제8절 순매입액 계산

(1) 매입할인

상품을 외상으로 판매한 경우 판매자는 외상대금을 빠르게 회수하기 위하여 일정 기간 안에 대금을 결제하는 거래처에게 할인혜택을 주는 경우가 있다. 구매자 입장에서는 이를 매입할인이라고 한다. 이러한 매입할인의 조건은 '2/10, n/30'과 같이 표기된다. 이의 의미는 만기는 30일이며 10일 이내에 결제하면 2%를 할인해 준다는 의미이다. 매입할인과 관련된 회계처리의 예시는 다음과 같다.

〈10일 이내 지급하여 매입할인을 받은 경우〉

외상매입	(차)	매입	1,000	(대)	매입채무	1,000
10일 이내 지급	(차)	매입채무	1,000	(대)	현금	980
					매입할인	20

이때 ₩1,000을 총매입액이라고 하며 매입할인을 차감한 ₩980을 순매입액이라고 한다. 매출원가 계산시 적용할 매입액은 총매입액이 아닌 순매입액이다.

〈10일 이후 지급하여 매입할인을 받지 못한 경우〉

외상매입	(차)	매입	1,000	(대)	매입채무	1,000
10일 이후 지급	(차)	매입채무	1,000	(대)	현금	1,000

(2) 매입환출

매입환출은 매입한 상품을 반품하는 경우를 말한다. ₩1,000의 상품을 외상으로 매입했다가 ₩300의 상품을 반품하고 ₩700 지급하였을 경우의 회계처리는 다음과 같다.

외상매입	(차)	매입	1,000	(대)	매입채무	1,000
매입환출	(차)	매입채무	1,000	(대)	매입환출	300
					현금	700

이때 ₩1,000을 총매입액이라고 하며 매입환출을 차감한 ₩700을 순매입액이라고 한다. 매출원가 계산시 적용할 매입액은 총매입액이 아닌 순매입액이다.

(3) 매입에누리

매입한 상품에 불량이 발생하여 일부 금액을 할인받는 경우를 매입에누리라 한다. 외상으로 ₩1,000을 매입하였으나 불량으로 ₩100을 차감한 ₩900을 지급하였을 경우의 회계처리는 다음과 같다.

외상매입	(차)	매입	1,000	(대)	매입채무	1,000
매입에누리	(차)	매입채무	1,000	(대)	매입에누리 현금	100 900

이때 ₩1,000을 총매입액이라고 하며 매입에누리를 차감한 ₩900을 순매입액이라고 한다. 매출원가 계산시 적용할 매입액은 총매입액이 아닌 순매입액이다.

예제 7-13 | 순매입 계산

㈜ABC는 기중 다음과 같은 매입거래를 하였다.

날짜	내용
1월 10일	외상으로 상품을 ₩1,000에 매입하였다.
1월 15일	1월 10일 매입한 상품의 매입대금을 지급하였으며 2%의 매입할인이 있었다.
5월 20일	외상으로 상품을 ₩2,000에 매입하였다.
5월 31일	5월 20일 매입한 상품에 하자가 발생하여 30%를 반품하고 나머지는 대금을 지급하였다.
8월 10일	외상으로 상품을 ₩1,500에 매입하였다.
8월 20일	8월 10일 매입한 상품에 하자가 발생하여 ₩500을 차감한 ₩1,000을 지급하였다.

물음 1) 매 시점의 회계처리를 하시오. (단, 실지재고조사법을 적용한다.)

물음 2) 총매입액과 순매입액은 각각 얼마인가?

물음 3) 기초재고자산 ₩200, 기말재고자산은 ₩350이다. 매출원가는 얼마인가?

예제 7-13 | 풀이

물음 1)

20X1. 1.10	(차)	매입	1,000	(대)	매입채무	1,000
20X1. 1.15	(차)	매입채무	1,000	(대)	현금 매입할인	980 20
20X1. 5.20	(차)	매입	2,000	(대)	매입채무	2,000
20X1. 5.31	(차)	매입채무	2,000	(대)	현금 매입환출	1,400 600
20X1. 8.10	(차)	매입	1,500	(대)	매입채무	1,500
20X1. 8.20	(차)	매입채무	1,500	(대)	현금 매입에누리	1,000 500

물음 2)

총매입액 = 1,000 + 2,000 + 1,500 = ₩4,500
순매입액 = 4,500 + (20) + (600) + (500) = ₩3,380

물음 3)

기초재고	200	매출원가	3,230
매입액	3,380	기말재고	350

매출원가 = 200 + 3,380 − 350 = ₩3,230

CHAPTER

유형자산과 무형자산

제1절 | 유형자산의 정의와 취득원가
제2절 | 감가상각
제3절 | 유형자산의 기중취득과 기중처분
제4절 | 유형자산 손상차손
제5절 | 재평가모형
제6절 | 무형자산

CHAPTER 08 | 유형자산과 무형자산

제1절 유형자산의 정의와 취득원가

(1) 유형자산의 정의

유형자산은 재화나 용역의 생산이나 제공, 타인에 대한 임대 또는 관리활동에 사용할 목적으로 보유하는 물리적 형태가 있는 자산으로서 한 회계기간을 초과하여 사용할 것이 예상되는 자산을 말한다. 유형자산의 분류의 예시는 다음과 같다.

[표 8-1] 유형자산의 분류

계정과목		내용
사용중인자산	토지	영업활동을 위하여 취득한 대지, 임야 등
	건물	건물, 냉난방, 전기, 통신 및 기타의 건물부속설비
	구축물	교량, 궤도, 울타리, 배수로 등
	기계장치	기계장치, 운송설비와 기타의 부속설비 등
	기타자산	차량운반구, 항공기, 선박, 비품 등
건설중인자산		유형자산의 건설을 위해 투입한 원가

(2) 유형자산의 취득원가

유형자산을 취득하는 과정에서 각종 부대비용이 발생할 수 있다. 자동차를 한 대 취득한다고 가정해보자. 자동차를 취득하는 과정에서 자동차 가격뿐만 아니라 탁송료, 취득세, 등록세, 공채매입비용 등 다양한 취득부대비용을 지불해야 한다. 자동차의 가격이 ₩1,000,000이고 각종 취득부대비용이 ₩100,000이라고 할 때 회계상 기록되는 자동차의 취득원가는 취득부대비용을 포함한 ₩1,100,000이며 취득시점에 다음과 같이 회계 처리한다.

| 취득시점 | (차) 차량운반구 | 1,100,000 | (대) 현금 | 1,000,000 |
| | | | 현금 | 100,000 |

유형자산의 취득원가는 경영진이 의도하는 방식으로 자산을 가동하는 데 필요한 장소와 상태에 이르게 하는데 직접 관련되는 원가를 포함한다.

예제 8-1 | 유형자산의 취득원가

㈜ABC는 20X1년 초 다음과 같은 조건으로 기계장치를 취득하였다.

(1) 구입비용은 ₩30,000이다.
(2) 매입운임 : ₩2,500
(3) 설치비용 : ₩1,000

기계장치의 취득원가를 계산하시오.

예제 8-1 | 풀이

구입비용	₩30,000
매입운임	2,500
설치비용	1,000
합계	₩33,500

제2절 감가상각

(1) 감가상각의 의의

유형자산의 가장 큰 특징은 감가상각을 한다는 점이다. 감가상각의 본질은 여러 해 동안 영업에 사용하는 자산의 취득원가를 활용하는 기간에 걸쳐 비용으로 인식하는 과정이라는 것이다. 20X1년 초 기계장치를 ₩1,000,000에 취득한 후 1년 동안 ₩200,000을 감가상각하였다면 회계처리와 20X1년 재무제표는 다음과 같다.

〈순액회계처리〉

20X1. 1. 1	(차)	기계장치	1,000,000	(대)	현금	1,000,000
20X1.12.31	(차)	감가상각비	200,000	(대)	기계장치	200,000

〈20X1년 말 재무상태표〉

자산		부채	
기계장치	800,000		
		자본	

〈20X1년 포괄손익계산서〉

수익	
비용	
감가상각비	(200,000)

〈총액회계처리〉

20X1. 1. 1	(차)	기계장치	1,000,000	(대)	현금	1,000,000
20X1.12.31	(차)	감가상각비	200,000	(대)	감가상각누계액	200,000

〈20X1년 말 재무상태표〉

자산		부채	
기계장치	1,000,000		
감가상각누계액	(200,000)		
		자본	

〈20X1년 포괄손익계산서〉

수익	
비용	
감가상각비	(200,000)

(2) 잔존가치와 내용연수

유형자산을 감가상각할 때에는 내용연수와 잔존가치를 합리적으로 추정하여야 한다. 내용연수와 잔존가치는 매년 말 다시 검토하여야 하며, 내용연수와 잔존가치가 변경된 경우 이를 반영하여 감가상각비를 구해야 한다.

① 잔존가치

유형자산을 내용연수 동안 사용한 후 남아있을 것으로 예상되는 가치를 잔존가치라 한다. 예를 들어 ₩100에 취득한 자산이 내용연수 종료시점에 ₩20의 잔존가치를 갖는다고 가정하자. 이러한 경우 총 감가상각비로 인식할 금액은 취득원가 ₩100이 아니라 취득원가에서 잔존가치를 차감한 ₩80이며, 이 금액을 감가상각대상금액이라 한다.

② 내용연수

기업이 자산을 사용할 것으로 기대되는 기간을 의미한다. 감가상각은 내용연수동안 이루어진다.

(3) 감가상각방법

유형자산의 감가상각방법은 자산의 미래경제적효익이 소비될 것으로 예상되는 형태를 반영한다. 유형자산의 감가상각대상금액을 내용연수 동안 체계적으로 배부하기 위해 다양한 방법을 사용할 수 있다.

① 정액법

정액법은 자산의 내용연수 동안 매기 일정액의 감가상각비를 계상하는 방법이다. 정액법은 일반적으로 가장 널리 쓰이는 감가상각방법이다.

$$\text{정액법 감가상각비} = (\text{취득원가} - \text{잔존가치}) \times \frac{1}{\text{내용연수}}$$

예제 8-2 | 정액법

㈜ABC는 20X1년 1월 1일 기계장치를 ₩1,000,000에 취득하였다. 기계장치의 내용연수는 3년, 정액법으로 감가상각하며 추정잔존가치는 ₩100,000이다.

물음 1) 연간 감가상각비는 얼마인가?
물음 2) 기계장치의 취득시점부터 내용연수 종료시점까지의 회계처리를 하시오.

예제 8-2 | 풀이

물음 1)

매년 인식할 감가상각비 = (1,000,000 − 100,000) × 1/3 = ₩300,000

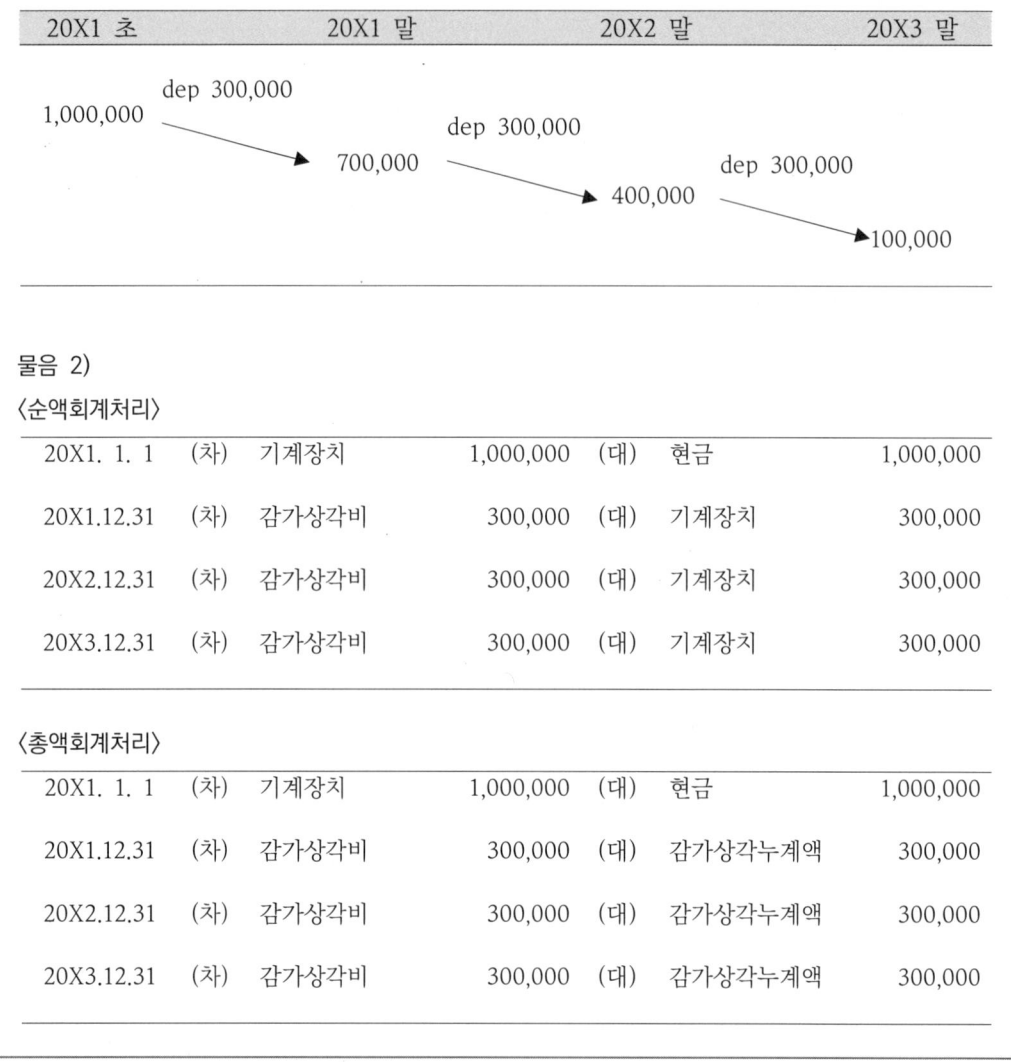

물음 2)

〈순액회계처리〉

20X1. 1. 1	(차)	기계장치	1,000,000	(대)	현금	1,000,000
20X1.12.31	(차)	감가상각비	300,000	(대)	기계장치	300,000
20X2.12.31	(차)	감가상각비	300,000	(대)	기계장치	300,000
20X3.12.31	(차)	감가상각비	300,000	(대)	기계장치	300,000

〈총액회계처리〉

20X1. 1. 1	(차)	기계장치	1,000,000	(대)	현금	1,000,000
20X1.12.31	(차)	감가상각비	300,000	(대)	감가상각누계액	300,000
20X2.12.31	(차)	감가상각비	300,000	(대)	감가상각누계액	300,000
20X3.12.31	(차)	감가상각비	300,000	(대)	감가상각누계액	300,000

② 정률법과 이중체감법

정률법과 이중체감법은 기초의 장부금액에 상각률을 곱하여 감가상각비를 계산하는 방법이다.

> 정률법과 이중체감법에 의한 감가상각비 = 기초장부금액 × 상각률
>
> 정률법 상각률 = $1 - \sqrt[n]{\frac{잔존가치}{취득원가}}$, 이중체감법 상각률 = $2/n$

예제 8-3 | 정률법과 이중체감법

㈜ABC는 20X1년 1월 1일 기계장치를 ₩10,000에 취득하였다. 기계장치의 내용연수는 3년, 추정 잔존가치는 ₩270이다.

물음 1) 정률법을 적용할 경우 매년 인식할 감가상각비를 구하시오. (단, 상각률은 70%이다.)
물음 2) 이중체감법을 적용할 경우 매년 인식할 감가상각비를 구하시오. (단, 상각률은 67%이다.)

예제 8-3 | 풀이

물음 1)
20X1년 감가상각비 = 10,000 × 70% = ₩7,000
20X2년 감가상각비 = 3,000 × 70% = ₩2,100
20X3년 감가상각비 = 900 × 70% = ₩630

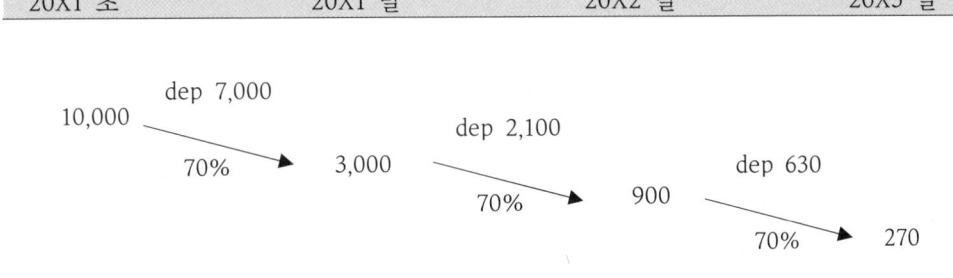

물음 2)
20X1년 감가상각비 = 10,000 × 67% = ₩6,700
20X2년 감가상각비 = 3,300 × 67% = ₩2,211
20X3년 감가상각비 = 1,089 - 270 = ₩819

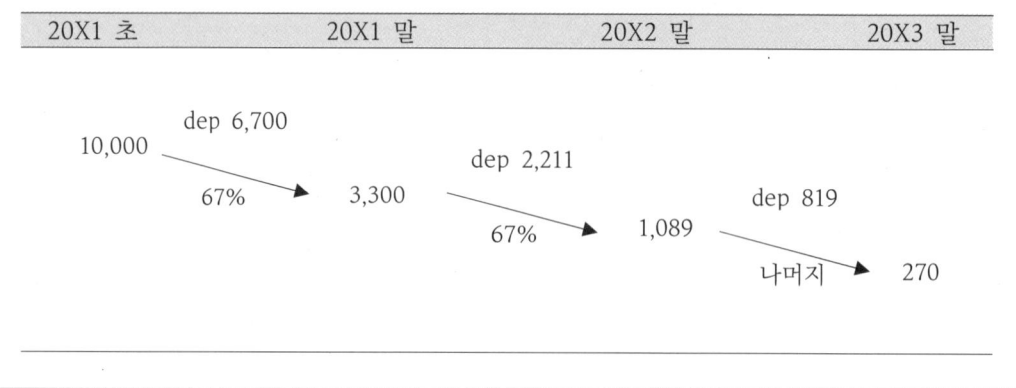

③ 연수합계법

연수합계법에 의한 감가상각비는 다음과 같다.

$$\text{연수합계법 감가상각비} = (\text{취득원가} - \text{잔존가치}) \times \frac{\text{기초잔존내용연수}}{\text{내용연수의합계}}$$

즉, 내용연수가 4년의 유형자산이라면 첫해에는 4/10, 두 번째 해에는 3/10, 세 번째 해에는 2/10, 마지막해에는 1/10을 감가상각하는 방법이다.

④ 생산량비례법

생산량비례법은 매년 생산량에 비례하여 감가상각비를 인식하는 방법이다.

$$\text{생산량비례법 감가상각비} = (\text{취득원가} - \text{잔존가치}) \times \frac{\text{당기생산량}}{\text{총예상생산량}}$$

예제 8-4 | 연수합계법과 생산량비례법

㈜ABC는 20X1년 1월 1일 기계장치를 ₩10,000에 취득하였다. 기계장치의 내용연수는 3년, 추정 잔존가치는 ₩1,000이다. 해당 기계장치의 총예상생산량은 10,000단위이며, 매년 생산량은 다음과 같다.

20X1년	20X2년	20X3년
3,500 단위	2,500 단위	4,000단위

물음 1) 연수합계법을 적용할 경우 매년 인식할 감가상각비를 구하시오.

물음 2) 생산량비례법을 적용할 경우 매년 인식할 감가상각비를 구하시오.

예제 8-4 | 풀이

물음 1)

20X1년 감가상각비 = (10,000 − 1,000) × 3/6 = ₩4,500
20X2년 감가상각비 = (10,000 − 1,000) × 2/6 = ₩3,000
20X3년 감가상각비 = (10,000 − 1,000) × 1/6 = ₩1,500

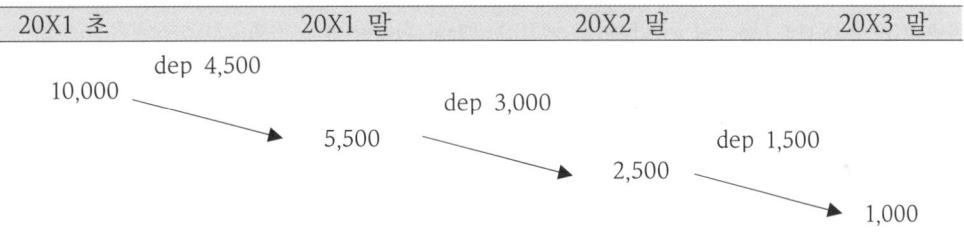

물음 2)

20X1년 감가상각비 = (10,000 − 1,000) × 3,500/10,000 = ₩3,150
20X2년 감가상각비 = (10,000 − 1,000) × 2,500/10,000 = ₩2,250
20X3년 감가상각비 = (10,000 − 1,000) × 4,000/10,000 = ₩3,600

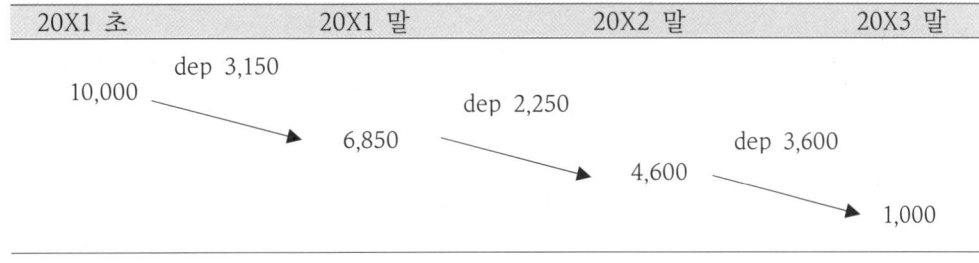

제3절 유형자산의 기중취득과 기중처분

(1) 유형자산의 기중취득

유형자산을 기중에 취득하는 경우 취득시점의 회계처리는 기초시점에 취득하는 경우와 동일하다. 그러나 기말시점에 인식해야 할 감가상각비가 기초에 취득한 경우와 다르다. 예를 들어 내용연수 5년에 취득원가 ₩50,000, 잔존가치 없이 정액법으로 상각하는 유형자산을 취득한다고 가정하자. 연간 감가상각비는 ₩10,000이 될 것이다. 해당 자산을 1월 1일이 아닌 7월 1일에 유형자산을 취득하였다고 가정하자. 취득 첫해 자산을 활용한 기간은 6개월이므로 감가상각비를 1년치가 아닌 6개월치인 ₩5,000을 인식하여야 하며 회계처리는 다음과 같다.

20X1. 7. 1	(차)	유형자산	50,000	(대)	현금	50,000
20X1.12.31	(차)	감가상각비	5,000	(대)	감가상각누계액	5,000

예제 8-5 | 유형자산의 기중취득

㈜ABC는 20X1년 7월 1일 기계장치를 ₩100,000에 취득하였다. 기계장치의 잔존가치는 없으며 10년에 걸쳐 정액법으로 감가상각을 한다. 취득시점과 기말시점의 회계처리를 하시오.

예제 8-5 | 풀이

20X1년 감가상각비 = 100,000 × 1/10 × 6/12 = ₩5,000

〈순액회계처리〉

20X1. 7. 1	(차)	기계장치	100,000	(대)	현금	100,000
20X1.12.31	(차)	감가상각비	5,000	(대)	기계장치	5,000

〈총액회계처리〉

20X1. 7. 1	(차)	기계장치	100,000	(대)	현금	100,000
20X1.12.31	(차)	감가상각비	5,000	(대)	감가상각누계액	5,000

(2) 유형자산의 기중처분

유형자산을 기중 처분하는 경우 기초부터 처분시점까지의 감가상각비를 먼저 인식한 후 처분에 대한 회계처리를 하여야 한다. 예를 들어 6월 30일에 자산을 처분하는 경우 6개월치 감가상각비를 먼저 인식한 후 처분에 대한 회계처리를 하여야 한다.

예제 8-6 | 유형자산의 기중처분

㈜ABC는 20X1년 1월 1일 기계장치를 ₩100,000에 취득하였다. 기계장치의 잔존가치는 없으며 10년에 걸쳐 정액법으로 감가상각을 한다. 20X2년 6월 30일 기계장치를 ₩50,000에 처분하였다. 기계장치에 대한 취득시점부터 처분시점까지의 회계처리를 하시오.

예제 8-6 | 풀이

20X1년 감가상각비 = 100,000 × 1/10 = ₩10,000
20X2년 감가상각비 = 100,000 × 1/10 × 6/12 = ₩5,000

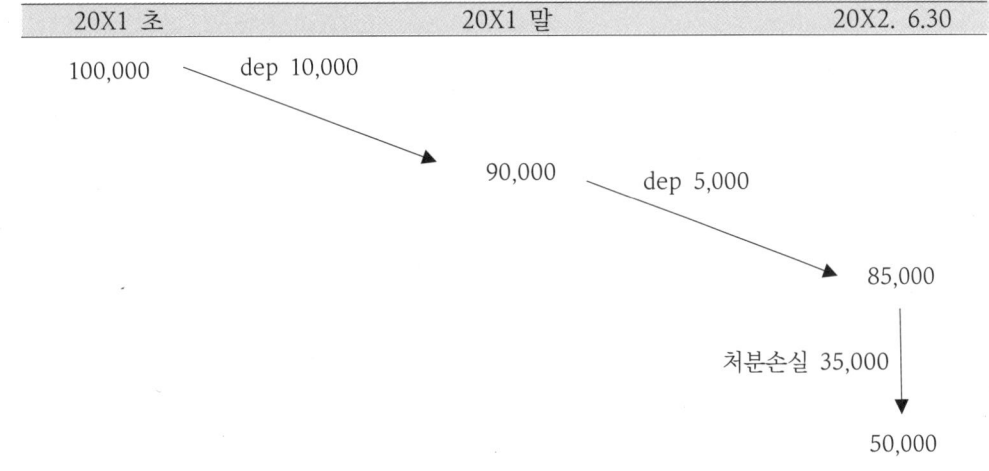

⟨순액회계처리⟩

일자	차/대	계정	금액	차/대	계정	금액
20X1. 1. 1	(차)	기계장치	100,000	(대)	현금	100,000
20X1.12.31	(차)	감가상각비	10,000	(대)	기계장치	10,000
20X2. 6.30	(차)	감가상각비	5,000	(대)	기계장치	5,000
	(차)	현금 처분손실	50,000 35,000	(대)	기계장치	85,000

〈총액회계처리〉

날짜		차변		금액		대변	금액
20X1. 1. 1	(차)	기계장치		100,000	(대)	현금	100,000
20X1.12.31	(차)	감가상각비		10,000	(대)	감가상각누계액	10,000
20X2. 6.30	(차)	감가상각비		5,000	(대)	감가상각누계액	5,000
	(차)	현금 처분손실 감가상각누계액		50,000 35,000 15,000	(대)	기계장치	100,000

제4절 유형자산 손상차손

(1) 손상차손의 의의

유형자산에 내재된 경제적효익이 영업활동을 통해 수익을 창출하는 과정에서 소비되는 것이 감가상각이다. 반면 손상차손이란 진부화, 물리적 손상 등으로 인하여 경제적 효익이 상실되는 것을 말한다. 유형자산의 회수가능액이 장부금액에 미달한다면 해당 금액을 유형자산손상차손이라는 당기비용으로 인식한다.

(2) 손상차손의 회계처리

취득원가 ₩100,000, 감가상각누계액 ₩20,000인 기계장치가 있다고 가정하자. 만약 회수가능액이 현재 장부금액인 ₩80,000보다 크다면 손상차손으로 인식할 금액은 없다. 만약 회수가능액이 ₩70,000이라면 다음과 같이 회계처리한다.

〈순액회계처리〉

손상차손	(차) 손상차손	10,000	(대) 기계장치	10,000

〈재무상태표〉		〈포괄손익계산서〉
자산	부채	수익
기계장치 70,000		
	자본	비용
		감가상각비 (XXX)
		손상차손 (10,000)

〈총액회계처리〉

손상차손	(차) 손상차손	10,000	(대) 손상차손누계액	10,000

〈재무상태표〉		〈포괄손익계산서〉
자산	부채	수익
기계장치 100,000		
감가상각누계액 (20,000)		
손상차손누계액 (10,000)	자본	비용
		감가상각비 (XXX)
		손상차손 (10,000)

예제 8-7 | 유형자산 손상차손

㈜ABC는 20X1년 1월 1일 기계장치를 ₩100,000에 취득하였다. 기계장치의 잔존가치는 없으며 10년에 걸쳐 정액법으로 감가상각한다. 20X1년 말 회수가능액은 ₩95,000, 20X2년 말 회수가능액은 ₩72,000이다. 해당 기계장치에 대한 회계처리를 하시오.

예제 8-7 | 풀이

20X1년 감가상각비 = 100,000 × 1/10 = ₩10,000
20X1년 손상차손 = ₩0
20X2년 감가상각비 = 100,000 × 1/10 = ₩10,000
20X2년 손상차손 = 80,000 - 72,000 = ₩8,000

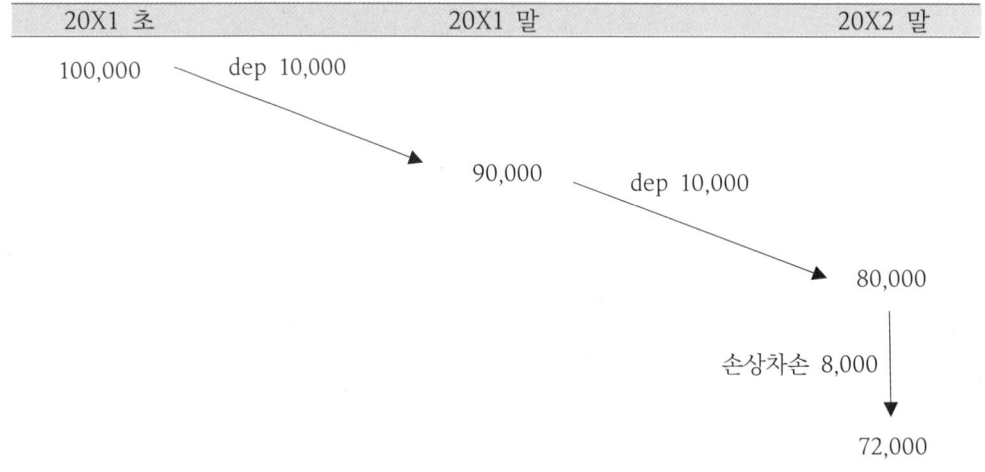

⟨순액회계처리⟩

20X1. 1. 1	(차)	기계장치	100,000	(대)	현금	100,000
20X1.12.31	(차)	감가상각비	10,000	(대)	기계장치	10,000
20X2.12.31	(차)	감가상각비	10,000	(대)	기계장치	10,000
	(차)	손상차손	8,000	(대)	기계장치	8,000

〈20X2년 말 재무상태표〉			〈20X2년 포괄손익계산서〉
자산	부채		수익
기계장치 72,000			
			비용
	자본		감가상각비 (10,000)
			손상차손 (8,000)

〈총액회계처리〉

20X1. 1. 1	(차)	기계장치	100,000	(대)	현금	100,000
20X1.12.31	(차)	감가상각비	10,000	(대)	감가상각누계액	10,000
20X2.12.31	(차)	감가상각비	10,000	(대)	감가상각누계액	10,000
	(차)	손상차손	8,000	(대)	손상차손누계액	8,000

〈20X2년 말 재무상태표〉			〈20X2년 포괄손익계산서〉
자산	부채		수익
기계장치 100,000			
감가상각누계액 (20,000)			
손상차손누계액 (8,000)			비용
	자본		감가상각비 (10,000)
			손상차손 (8,000)

제5절 재평가모형

(1) 재평가모형의 의의
기업은 유형자산의 취득 이후 후속 측정방법으로 원가모형과 재평가모형 중 하나를 회계정책으로 선택하여 유형자산 분류별로 동일하게 적용할 수 있다.

(2) 재평가시 유의사항
재평가는 보고기간 말에 자산의 장부금액이 공정가치와 중요하게 차이가 나지 않도록 주기적으로 수행한다. 특정 유형자산을 재평가할 때, 해당 자산이 포함되는 유형자산 분류 전체를 재평가한다.

(3) 재평가로 인한 손익의 인식
① **재평가로 인한 공정가치 증가**

자산의 장부금액이 재평가로 인하여 증가하게 된 경우 기타포괄이익으로 인식하고 기타포괄누계액에 재평가잉여금이라는 항목으로 표시한다. 단, 당기손실로 인식한 재평가손실이 있는 경우 해당 금액만큼을 한도로 당기이익을 인식하고 그 초과분은 기타포괄이익으로 인식한다.

② **재평가로 인한 공정가치 감소**

자산의 장부금액이 재평가로 인하여 감소하게 된 경우 당기손실로 인식한다. 단, 기타포괄이익으로 인식한 재평가이익이 있을 경우 해당 금액만큼은 기타포괄손실로 인식하고 그 초과분은 당기손실로 인식한다.

예제 8-8 | 재평가모형

㈜ABC는 20X1년 초 토지를 ₩100,000에 취득하였다. 회사는 토지에 대해서 재평가모형을 적용하고 있으며, 토지의 매년 공정가치는 다음과 같다.

20X1.12.31	20X2.12.31	20X3.12.31
₩80,000	₩120,000	₩102,000

토지에 대한 회계처리를 하시오.

예제 8-8 | 풀이

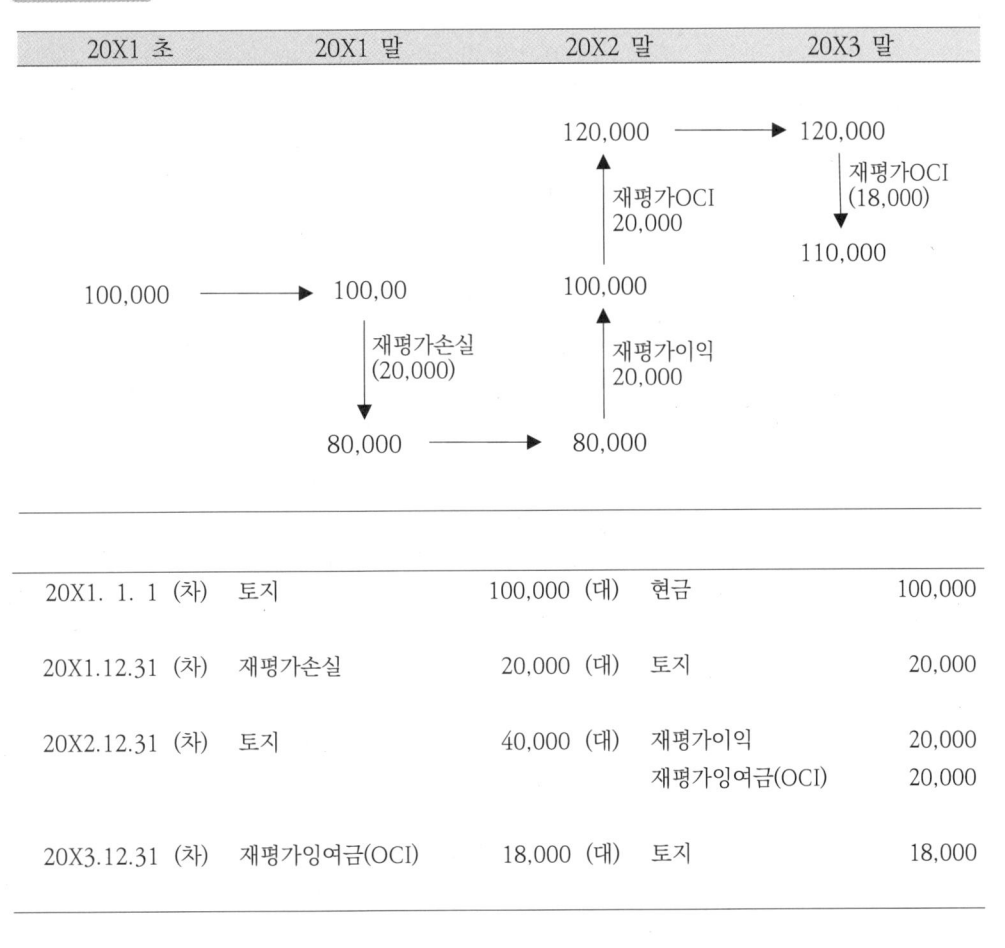

20X1. 1. 1	(차)	토지	100,000	(대)	현금	100,000
20X1.12.31	(차)	재평가손실	20,000	(대)	토지	20,000
20X2.12.31	(차)	토지	40,000	(대)	재평가이익	20,000
					재평가잉여금(OCI)	20,000
20X3.12.31	(차)	재평가잉여금(OCI)	18,000	(대)	토지	18,000

제6절 무형자산

(1) 무형자산의 정의

기업은 경제적 자원을 사용하거나 부채를 부담하여 과학적·기술적 지식, 새로운 공정이나 시스템의 설계와 실행, 라이센스, 지적재산권 등의 무형자원을 취득, 개발, 유지하거나 개선한다. 이러한 예로는 컴퓨터 소프트웨어, 특허권, 저작권, 어업권, 개발비 등이 있다. 위와 같이 물리적 실체는 없지만 식별가능한 자산을 무형자산(intangible assets)이라 한다.

(2) 무형자산의 취득원가

무형자산의 취득원가는 해당 자산을 취득하기 위해 지출한 구입가격에 이용가능한 상태에 이르기까지 직접 관련되어 발생한 각종부대비용(등록비, 법적수수료, 제세공과)을 가산한 금액이다. 한편, 직접 창출한 무형자산은 그 개발을 위해 지출한 원가를 취득원가로 한다.

예제 8-9 | 무형자산의 취득원가

㈜ABC는 20X1년 초 다음과 같은 조건으로 컴퓨터 소프트웨어를 취득하였다.

(1) 구입비용은 ₩50,000이다.
(2) 소프트웨어 설치비용은 ₩5,000이다.

컴퓨터 소프트웨어의 취득원가를 계산하시오.

예제 8-9 | 풀이

구입비용	₩50,000
설치비용	5,000
합계	₩55,000

(3) 무형자산의 상각

무형자산도 유형자산과 마찬가지로 기간이 경과하거나 사용함으로써 그 가치가 감소한다. 유형자산을 감가상각하여 비용을 인식하듯 무형자산도 유사한 방법으로 기간 경과에 따라 경제적 효익 감소에 따른 비용을 인식한다. 단, 상각방법을 신뢰성 있게 추정하기 어려운 경우 정액법을 적용한다. 무형자산의 비용인식은 유형자산과 달리 상각(amortization)이라 표현한다. 유형자산의 경우 감가상각누계액이라는 차감계정을 사용하여 총액으로 표시하는 것이 일반적이다. 무형자산은 금액이 크고 중요한 경우 상각누계액을 별도로 표시하고, 금액이 작고 중요하지 않다면 직접차감하는 순액법을 사용할 수 있다. 또한 무형자산은 자산의 특성상 내용연수를 추정하기 어려운 경우도 있다. 이 경우 해당 무형자산은 비한정내용연수를 갖으며 무형자산은 상각하지 않는다.

(4) 무형자산의 손상차손

유형자산과 마찬가지로 무형자산도 회수가능액이 장부금액에 미달하는 경우 해당 금액을 손상차손으로 인식한다.

예제 8-10 | 한정내용연수 무형자산의 상각과 손상차손

㈜ABC는 20X1년 초 특허권을 ₩100,000에 취득하였다.

(1) 해당 특허권의 내용연수는 10년, 잔존가치 없이 정액법을 적용하여 상각한다.
(2) 20X1년 말 특허권의 회수가능액은 ₩110,000, 20X2년 말 회수가능액은 ₩65,000이다.

특허권에 대한 회계처리를 하시오.

예제 8-10 | 풀이

물음 1)
20X1년 무형자산상각비 = 100,000 × 1/10 = ₩10,000
20X1년 무형자산손상차손 = ₩0
20X2년 무형자산상각비 = 100,000 × 1/10 = ₩10,000
20X2년 무형자산손상차손 = 80,000 - 65,000 = ₩15,000

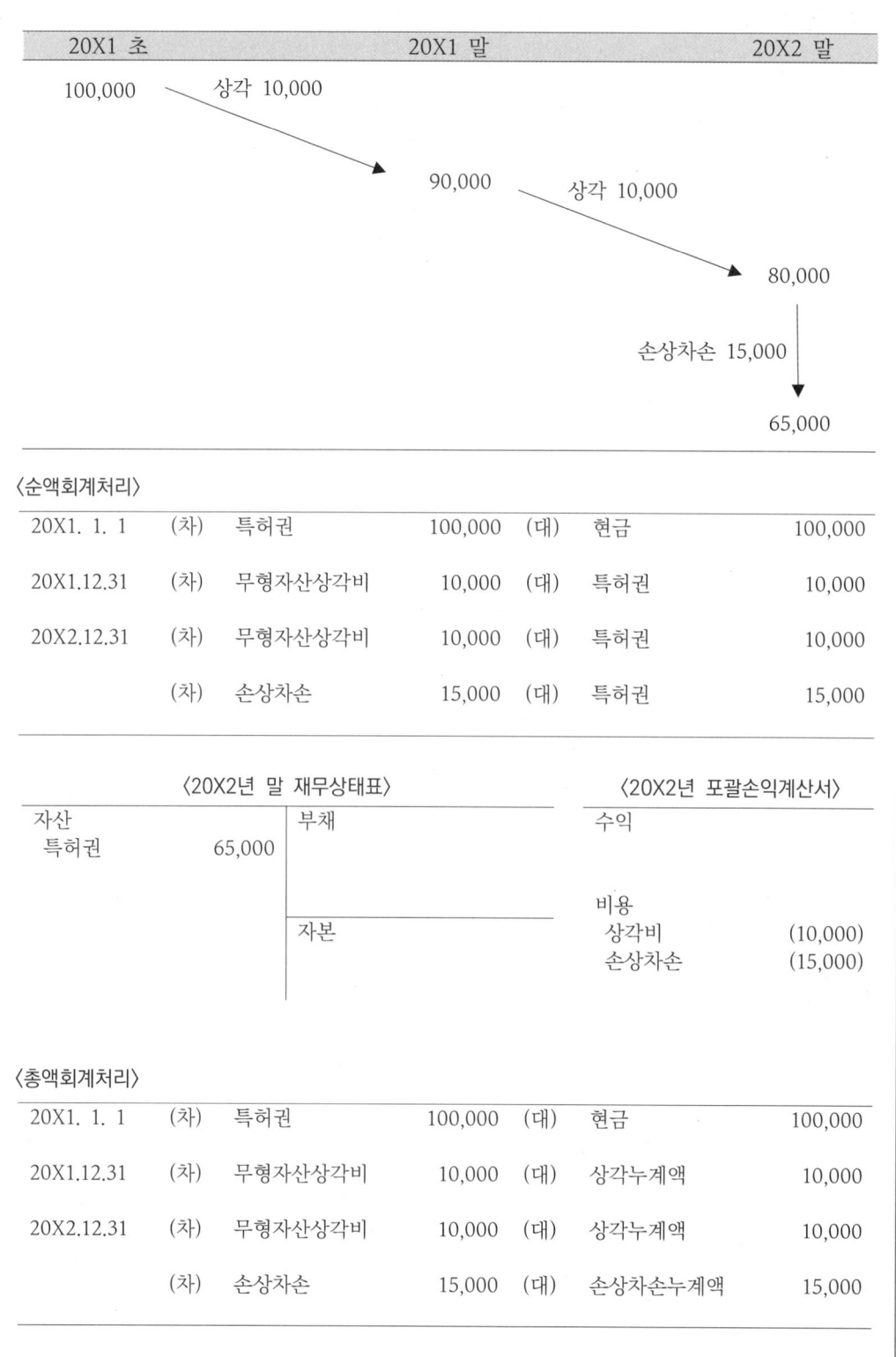

〈20X2년 말 재무상태표〉		〈20X2년 포괄손익계산서〉
자산	부채	수익
특허권 100,000		
상각누계액 (20,000)		
손상차손누계액 (15,000)	자본	비용
		상각비 (10,000)
		손상차손 (15,000)

예제 8-11 | 비한정내용연수 무형자산의 상각과 손상차손

㈜ABC는 20X1년 초 특허권을 ₩100,000에 취득하였다.

(1) 해당 특허권은 비한정내용연수를 갖는다.
(2) 20X1년 말 특허권의 회수가능액은 ₩110,000, 20X2년 말 회수가능액은 ₩65,000이다.

특허권에 대한 회계처리를 하시오.

예제 8-11 | 풀이

물음 1)

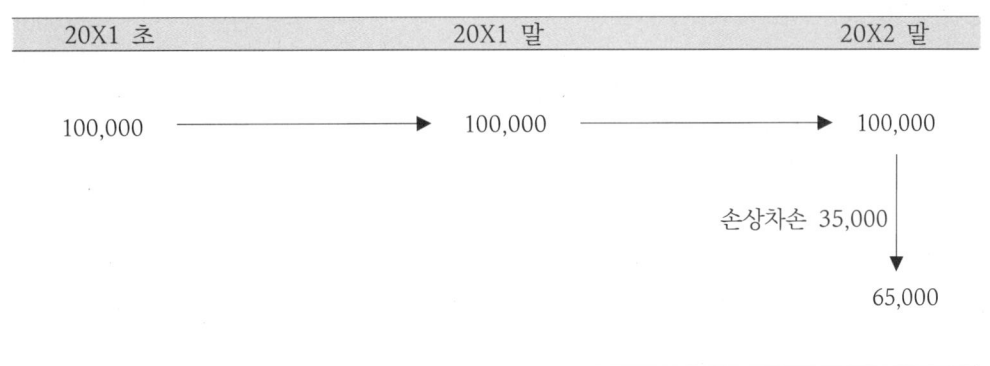

〈순액회계처리〉

| 20X1. 1. 1 | (차) | 특허권 | 100,000 | (대) | 현금 | 100,000 |
| 20X2.12.31 | (차) | 손상차손 | 35,000 | (대) | 특허권 | 35,000 |

〈20X2년 말 재무상태표〉

자산		부채	
특허권	65,000		
		자본	

〈20X2년 포괄손익계산서〉

수익	
비용	
손상차손	(35,000)

〈총액회계처리〉

| 20X1. 1. 1 | (차) | 특허권 | 100,000 | (대) | 현금 | 100,000 |
| 20X2.12.31 | (차) | 손상차손 | 35,000 | (대) | 손상차손누계액 | 35,000 |

〈20X2년 말 재무상태표〉

자산		부채	
특허권	100,000		
손상차손누계액	(35,000)		
		자본	

〈20X2년 포괄손익계산서〉

수익	
비용	
손상차손	(35,000)

CHAPTER

투자지분상품

제1절 | 투자지분상품의 분류
제2절 | FVPL금융자산으로 분류되는 투자지분상품
제3절 | FVOCI금융자산으로 분류되는 투자지분상품

CHAPTER 09 | 투자지분상품

제1절　투자지분상품의 분류

(1) 한국채택국제회계기준에 따른 금융자산의 분류

　한국채택국제회계기준에서는 현금을 제외한 금융자산을 상각후원가측정금융자산(AC금융자산), 기타포괄손익공정가치측정금융자산(FVOCI금융자산), 당기손익공정가치측정금융자산(FVPL금융자산)으로 분류한다. 금융자산 분류 시 다음 사항을 고려한다.

> (1) 금융자산의 관리를 위한 사업모형(금융자산의 보유목적)
> (2) 금융자산의 계약상 현금흐름 특성(금융자산의 종류)

(2) 투자지분상품의 분류

　투자지분상품은 사업모형을 고려할 필요가 없으며 FVPL금융자산으로 분류하는 것이 원칙이다. 그러나 단기매매항목이 아닌 경우 FVOCI금융자산으로 분류하는 것도 가능하다.

(3) 투자지분상품의 분류변경

　금융자산을 관리하는 사업모형(보유목적)을 변경하는 경우에만 영향 받는 모든 금융자산을 재분류한다. 금융자산의 분류변경은 사업모형을 변경하는 경우에만 가능하다. 따라서 사업모형을 고려하지 않는 투자지분상품은 분류변경이 불가능하다.

제2절 FVPL금융자산으로 분류되는 투자지분상품

(1) FVPL금융자산의 취득

투자목적으로 다른회사의 지분상품을 취득한 경우 FVPL금융자산으로 회계처리하는 것이 원칙이다. FVPL금융자산 취득과정에서 발생한 매매수수료 등의 지출은 최초 인식하는 금융자산에 가산하지 않고 즉시 비용처리한다. ₩10,000에 FVPL투자지분상품을 취득하는 과정에서 ₩300의 거래수수료가 발생한 경우의 회계처리는 다음과 같다.

FVPL 취득	(차)	FVPL금융자산	10,000	(대)	현금	10,000
	(차)	수수료비용	300	(대)	현금	300

(2) FVPL금융자산의 기말평가

FVPL금융자산은 매기 말 공정가치로 평가하여 평가손익을 당기손익으로 인식한다. ₩10,000에 취득한 FVPL금융자산의 기말 공정가치가 ₩12,000인 경우의 회계처리는 다음과 같다.

FVPL 기말평가	(차)	FVPL금융자산	2,000	(대)	FVPL평가이익	2,000

(3) FVPL금융자산의 처분

FVPL금융자산 처분 시 공정가치로 측정한 후 수취한 대가와의 차이를 FVPL금융자산처분손익으로 인식한다. 장부금액 ₩12,000의 FVPL금융자산을 공정가치 ₩13,000에 처분한 경우의 회계처리는 다음과 같다.

FVPL 처분	(차)	FVPL금융자산	1,000	(대)	FVPL평가이익	1,000
	(차)	현금	13,000	(대)	FVPL금융자산	13,000

경우에 따라 처분대가와 공정가치는 일치하지 않을 수 있다. 장부금액 ₩12,000의 FVPL금융자산의 공정가치는 ₩13,000이며, 처분대가가 ₩12,800인 경우의 회계처리는 다음과 같다.

FVPL 처분	(차)	FVPL금융자산	1,000	(대)	FVPL평가이익	1,000
	(차)	현금 FVPL처분손실	12,800 200	(대)	FVPL금융자산	13,000

예제 9-1 | FVPL지분상품

㈜ABC는 20X1년 3월 3일 FVPL금융자산으로 분류되는 A사 발행 보통주를 ₩10,000에 취득하였으며 거래원가 ₩500 발생하였다. 1주당 공정가치의 변동은 다음과 같다.

	20X1.12.31	20X2.12.31	20X3.2.16
공정가치	₩12,000	₩9,000	₩15,000

㈜ABC는 20X3년 2월 16일 해당 투자지분상품을 처분하였다.

물음 1) 회사가 투자지분상품을 공정가치로 처분한 경우의 회계처리를 하시오.

물음 2) 회사가 투자지분상품을 ₩14,000에 처분한 경우의 회계처리를 하시오.

예제 9-1 | 풀이

물음 1)

20X1. 3. 3	(차)	FVPL금융자산	10,000	(대)	현금	10,000
	(차)	수수료비용	500	(대)	현금	500
20X1.12.31	(차)	FVPL금융자산	2,000	(대)	FVPL평가이익	2,000
20X2.12.31	(차)	FVPL평가손실	3,000	(대)	FVPL금융자산	3,000
20X3. 2.16	(차)	FVPL금융자산	6,000	(대)	FVPL평가이익	6,000
	(차)	현금	15,000	(대)	FVPL금융자산	15,000

물음 2)

일자		차변		금액		대변	금액
20X1. 3. 3	(차)	FVPL금융자산		10,000	(대)	현금	10,000
	(차)	수수료비용		500	(대)	현금	500
20X1.12.31	(차)	FVPL금융자산		2,000	(대)	FVPL평가이익	2,000
20X2.12.31	(차)	FVPL평가손실		3,000	(대)	FVPL금융자산	3,000
20X3. 2.16	(차)	FVPL금융자산		6,000	(대)	FVPL평가이익	6,000
	(차)	현금 FVPL처분손실		14,000 1,000	(대)	FVPL금융자산	15,000

〈참고〉
일반적으로 실현이익은 당기손익에 반영되고 미실현이익은 기타포괄손익에 반영된다. 그러나 예외적으로 FVPL금융자산평가손익은 미실현손익이지만 당기손익에 반영하여 정보이용자에게 더욱 유용한 정보를 제공한다.

제3절 FVOCI금융자산으로 분류되는 투자지분상품

(1) FVOCI금융자산의 취득

투자목적으로 다른회사의 지분상품을 취득한 경우 FVPL금융자산으로 회계처리하는 것이 원칙이다. 단, 회사의 선택에 따라 FVOCI금융자산으로 회계처리하는 것도 가능하다. 해당 선택은 최초 인식시에만 가능하며, 후속적으로 이를 취소할 수 없다. FVOCI금융자산 취득과정에서 발생한 매매수수료 등의 비용은 최초인식하는 금융자산에 가산하여 측정한다. ₩10,000에 FVOCI투자지분상품을 취득하는 과정에서 ₩300의 거래수수료가 발생한 경우의 회계처리는 다음과 같다.

FVOCI 취득	(차)	FVOCI금융자산	10,000	(대)	현금	10,000
	(차)	FVOCI금융자산	300	(대)	현금	300

(2) FVOCI금융자산의 기말평가

FVOCI금융자산은 매기 말 공정가치로 평가하여 평가손익을 기타포괄손익으로 인식한다. ₩10,000에 취득한 FVOCI금융자산의 기말 공정가치가 ₩12,000인 경우의 회계처리는 다음과 같다.

FVOCI 기말평가	(차)	FVOCI금융자산	2,000	(대)	FVOCI평가이익	2,000

(3) FVOCI금융자산의 처분

FVOCI금융자산 처분 시 공정가치로 측정한 후 수취한 대가와의 차이를 FVOCI금융자산처분손익(당기손익에 포함)으로 인식한다. 또한 기타포괄손익누계액으로 인식한 금액은 이익잉여금으로 직접대체한다. 장부금액 ₩12,000(전기에 ₩10,000에 취득한 후 ₩2,000 평가이익)인 FVOCI금융자산을 공정가치 ₩13,000에 처분한 경우의 회계처리는 다음과 같다.

FVOCI 처분	(차)	FVOCI금융자산	1,000	(대)	FVOCI평가이익	1,000
	(차)	현금	13,000	(대)	FVOCI금융자산	13,000
	(차)	FVOCI평가이익(AOCI)	3,000	(대)	이익잉여금	3,000

경우에 따라 처분대가와 공정가치는 일치하지 않을 수 있다. 장부금액 ₩12,000의 FVPL금융자산의 공정가치는 ₩13,000이며, 처분대가가 ₩13,300인 경우의 회계처리는 다음과 같다.

FVOCI 처분	(차)	FVOCI금융자산	1,000	(대)	FVOCI평가이익	1,000
	(차)	현금	13,300	(대)	FVOCI금융자산	13,000
					FVOCI처분이익	300
	(차)	FVOCI평가이익(AOCI)	3,000	(대)	이익잉여금	3,000

〈참고〉
AOCI는 Accumulated Other Comprehensive Income의 약자이며 기타포괄손익누계액을 의미한다.

(4) 직접대체와 재분류조정

현행 국제회계기준에 의하면 제거된 자산(또는 부채)와 관련된 기타포괄손익누계액을 제거하는 방법은 직접대체와 재분류조정이 있다. 만약 제거된 자산과 관련된 기타포괄손익누계액 잔액이 ₩1,000인 경우 두 가지 방법을 각각 적용하는 경우의 회계처리와 재무제표에 미치는 영향은 다음과 같다.

① 직접대체

직접대체의 회계처리는 다음과 같다.

직접대체	(차)	기타포괄손익누계액	1,000	(대)	이익잉여금	1,000

직접대체는 포괄손익계산서에 영향이 없다는 점이 특징이다. 직접대체에 대한 회계처리가 재무제표에 미치는 영향은 다음과 같다.

〈재무상태표〉		〈포괄손익계산서〉	
자산	부채		
	자본		
	기포누 (1,000)	당기순이익	-
	이익잉여금 1,000	기타포괄손익	-

② 재분류조정

재분류조정의 회계처리는 다음과 같다.

재분류조정	(차)	기타포괄손익	1,000	(대)	당기손익	1,000

재분류조정은 포괄손익계산서상 기타포괄손익과 당기손익에 동일한 금액의 반대부호 손익 영향이 있다는 점이 특징이다. 재분류조정에 대한 회계처리가 재무제표에 미치는 영향은 다음과 같다.

<재무상태표>

자산	부채		
	자본		
	기포누	(1,000)	
	이익잉여금	1,000	

<포괄손익계산서>

당기순이익	1,000
기타포괄손익	(1,000)

예제 9-2 | FVOCI지분상품

㈜ABC는 20X1년 3월 3일 FVOCI금융자산으로 분류되는 A사 발행 보통주를 ₩10,000에 취득하였으며 거래원가 ₩500 발생하였다. 1주당 공정가치의 변동은 다음과 같다.

	20X1.12.31	20X2.12.31	20X3.2.16
공정가치	₩12,000	₩9,000	₩15,000

㈜ABC는 20X3년 2월 16일 해당 투자지분상품을 처분하였다.

물음 1) 회사가 투자지분상품을 공정가치로 처분한 경우의 회계처리를 하시오.

물음 2) 회사가 투자지분상품을 ₩16,000에 처분한 경우의 회계처리를 하시오.

예제 9-2 | 풀이

물음 1)

20X1. 3. 3	(차)	FVOCI금융자산	10,000	(대)	현금	10,000
	(차)	FVOCI금융자산	500	(대)	현금	500
20X1.12.31	(차)	FVOCI금융자산	1,500	(대)	FVOCI평가이익	1,500
20X2.12.31	(차)	FVOCI평가이익 FVOCI평가손실	1,500 1,500	(대)	FVOCI금융자산	3,000
20X3. 2.16	(차)	FVOCI금융자산	6,000	(대)	FVOCI평가손실 FVOCI평가이익	1,500 4,500
	(차)	현금	15,000	(대)	FVOCI금융자산	15,000
	(차)	FVOCI평가이익(AOCI)	4,500	(대)	이익잉여금	4,500

물음 2)

20X1. 3. 3	(차)	FVOCI금융자산	10,000	(대)	현금	10,000
	(차)	FVOCI금융자산	500	(대)	현금	500
20X1.12.31	(차)	FVOCI금융자산	1,500	(대)	FVOCI평가이익	1,500
20X2.12.31	(차)	FVOCI평가이익 FVOCI평가손실	1,500 1,500	(대)	FVOCI금융자산	3,000
20X3. 2.16	(차)	FVOCI금융자산	6,000	(대)	FVOCI평가손실 FVOCI평가이익	1,500 4,500
	(차)	현금	16,000	(대)	FVOCI금융자산 FVOCI처분이익	15,000 1,000
	(차)	FVOCI평가이익(AOCI)	4,500	(대)	이익잉여금	4,500

〈참고〉
FVOCI평가손익은 기타포괄손익으로 인식하며, FVOCI처분손익은 당기손익으로 인식한다.

〈참고〉
FVOCI금융자산평가이익 발생 후 평가손실이 발생하는 경우 기존의 평가손실을 제거하고 그 초과분을 평가이익으로 인식하는 회계처리 방식은 예전 회계기준에서 규정한 내용이다. 현행 국제회계기준은 그러한 회계처리 방식을 요구하지 않는다. (차) FVOCI금융자산 30,000 (대) FVOCI금융자산평가이익 30,000 도 허용되는 회계처리 방법이다.

CHAPTER

투자채무상품

제1절 | 투자채무상품의 분류
제2절 | AC금융자산
제3절 | FVOCI금융자산
제4절 | FVPL금융자산

CHAPTER 10 | 투자채무상품

제1절 투자채무상품의 분류

(1) 한국채택국제회계기준에 따른 금융자산의 분류

한국채택국제회계기준에서는 현금을 제외한 금융자산을 상각후원가측정금융자산(AC금융자산), 기타포괄손익공정가치측정금융자산(FVOCI금융자산), 당기손익공정가치측정금융자산(FVPL금융자산)으로 분류한다. 금융자산 분류 시 다음 사항을 고려한다.

> (1) 금융자산의 관리를 위한 사업모형 (금융자산의 보유목적)
> (2) 금융자산의 계약상 현금흐름 특성 (금융자산의 종류)

(2) 투자채무상품의 분류

투자채무상품은 사업모형을 고려하여 상각후원가측정금융자산(AC금융자산), 기타포괄손익공정가치측정금융자산(FVOCI금융자산), 당기손익공정가치측정금융자산(FVPL금융자산) 중 하나를 선택하여 회계처리한다. 투자채무상품 분류에 따른 회계처리 방법의 차이는 다음과 같다.

[표 10-1] 투자채무상품의 분류와 회계처리 방법

	AC금융자산	FVOCI금융자산	FVPL금융자산
사업모형	계약상 현금흐름 수취	계약상 현금흐름 수취와 매도	매도 및 기타목적
이자수익	유효이자율법	유효이자율법	액면이자 발생액
공정가치평가	안함	기타포괄손익으로 인식	당기손익으로 인식

(3) 투자채무상품의 분류변경

금융자산을 관리하는 사업모형(보유목적)을 변경하는 경우에만, 영향 받는 모든 금융자산을 재분류한다. 따라서 투자채무상품과 관련된 사업모형이 변경된 경우 해당 항목의 분류를 변경한다.

제2절 AC금융자산

(1) AC금융자산의 취득

투자채무상품을 계약상 현금흐름을 수취할 목적으로 취득하는 경우 AC금융자산으로 분류한다. AC금융자산으로 분류한 투자채무상품 취득과 직접 관련된 거래원가는 최초 인식하는 공정가치에 가산하여 측정한다. 만약 AC금융자산의 취득금액이 제시되지 않는다면 미래현금흐름을 유효이자율로 할인하여 해당 금액을 측정한다.

(2) AC금융자산의 후속측정

AC금융자산은 후속적으로 유효이자율법을 적용하여 이자수익을 인식한다. AC금융자산은 공정가치평가를 하지 않는다.

예제 10-1 | AC금융자산

㈜ABC는 20X1년 초 계약상 현금흐름을 수취할 목적으로 채권을 취득하였다. 만기는 20X3년 12월 31일이며 액면금액은 ₩100,000, 액면이자율은 10%(후급조건)이며, 취득 당시의 시장이자율은 12%였다. 각 물음에 답하시오. (단, 현재가치 계산은 아래의 현가계수표를 이용하시오.)

(3년 기준)	연 10%	연 12%
단일금액 ₩1의 현가계수	0.7513	0.7118
정상연금 ₩1의 현가계수	2.4868	2.4018

물음 1) AC금융자산으로 인식할 금액 얼마인가?

물음 2) 매년 말 채권의 상각후원가와 매년 인식할 이자수익은 얼마인가?

물음 3) 만기까지의 회계처리를 하시오.

예제 10-1 | 풀이

물음 1)

AC금융자산의 현금흐름은 다음과 같으며 채권의 현재가치(취득원가)는 다음과 같다.

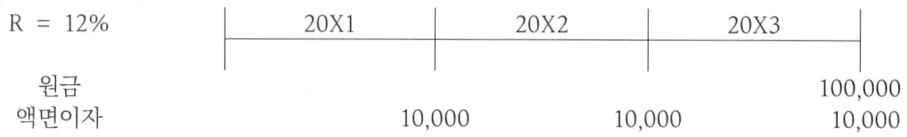

취득원가 = 100,000 × 0.7118 + 10,000 × 2.4018 = ₩95,198

물음 2)

채권의 현재가치는 기초 상각후원가의 12% 증가한다. 이 금액을 유효이자율법에 의한 이자수익으로 인식한다. 매 시점 채권의 상각후원가는 다음과 같다.

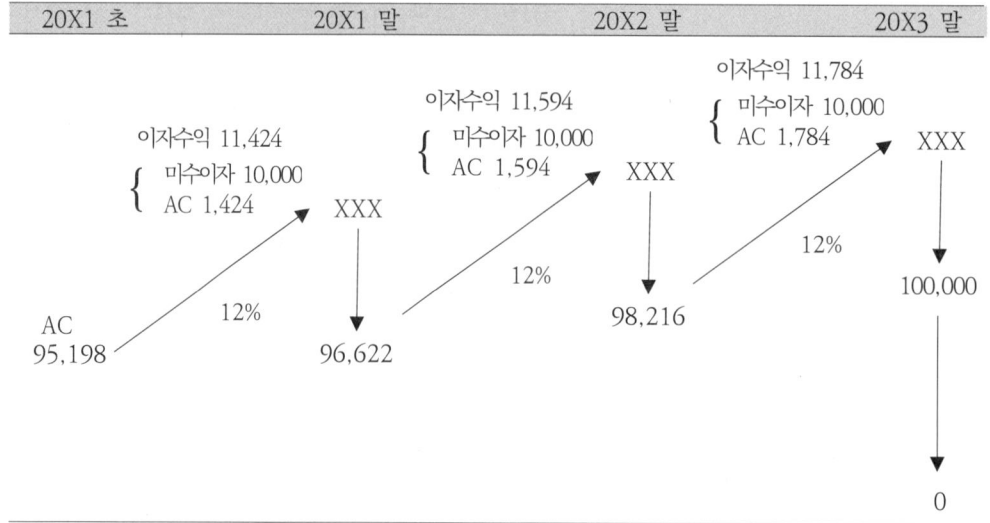

20X1년 이자수익 = 95,198 × 12% = ₩11,424
20X2년 이자수익 = 96,622 × 12% = ₩11,594
20X3년 이자수익 = 98,216 × 12% = ₩11,784

물음 3)
취득시점부터 만기시점까지의 회계처리는 다음과 같다.

20X1. 1. 1	(차)	AC금융자산	95,198	(대)	현금	95,198
20X1.12.31	(차)	AC금융자산 현금	1,424 10,000	(대)	이자수익	11,424
20X2.12.31	(차)	AC금융자산 현금	1,594 10,000	(대)	이자수익	11,594
20X3.12.31	(차)	AC금융자산 현금	1,784 10,000	(대)	이자수익	11,784
	(차)	현금	100,000	(대)	AC금융자산	100,000

제3절 FVOCI금융자산

(1) FVOCI금융자산의 취득

투자채무상품을 계약상 현금흐름 수취와 매도 목적으로 취득하는 경우 FVOCI금융자산으로 분류한다. FVOCI금융자산으로 분류한 투자채무상품 취득과 직접 관련된 거래원가는 최초 인식하는 공정가치에 가산하여 측정한다. 만약 FVOCI금융자산의 취득금액이 제시되지 않는다면 미래 현금흐름을 유효이자율로 할인하여 해당 금액을 측정한다.

(2) FVOCI금융자산의 후속측정

FVOCI금융자산은 후속적으로 유효이자율법을 적용하여 이자수익을 인식한다. FVOCI금융자산은 매 기말 공정가치로 평가하여 평가손익을 기타포괄손익으로 인식한다.

예제 10-2 | FVOCI금융자산

㈜ABC는 20X1년 초 채권을 ₩95,198에 취득하여 FVOCI금융자산으로 분류하였다. 만기는 20X3년 12월 31일이며 액면금액은 ₩100,000, 액면이자율은 10%(후급조건)이며, 해당 채무상품의 유효이자율은 12%였다.

물음 1) 20X1년 말 채무상품의 공정가치는 ₩97,000, 20X2년 말 공정가치는 ₩98,000이다. 매년 인식할 이자수익, 기타포괄손익영향, 매년 말 기타포괄손익누계액을 구하시오.

물음 2) 20X2년 말까지의 회계처리를 하시오.

예제 10-2 | 풀이

물음 1)

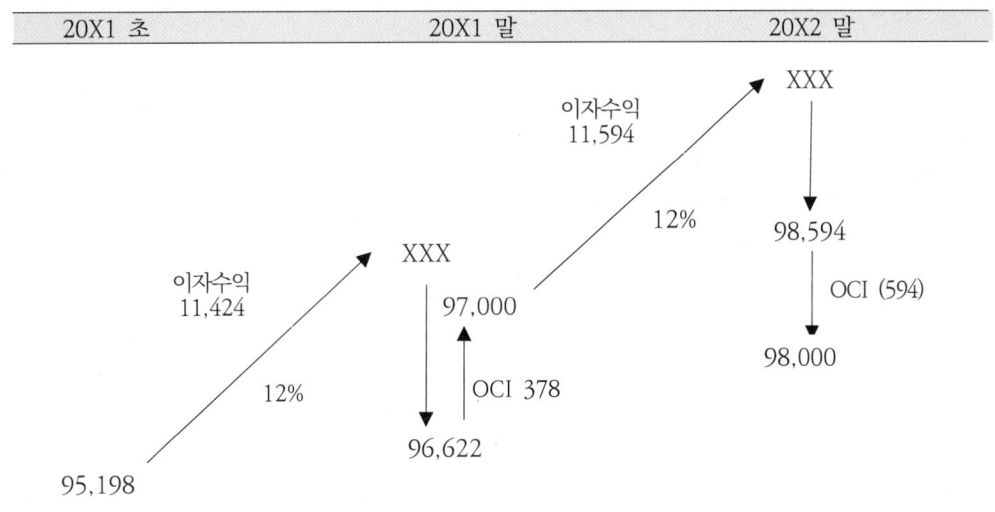

20X1년 이자수익 = 95,198 × 12% = ₩11,424
20X1년 기타포괄손익 = 97,000 - 96,622 = ₩378
20X1년 말 기타포괄손익누계액 = ₩378

20X2년 이자수익 = 96,622 × 12% = ₩11,594
20X2년 기타포괄손익 = 98,000 - 98,594 = (₩594)
20X2년 말 기타포괄손익누계액 = 378 + (594) = (₩216)

물음 2)

20X1. 1. 1	(차)	FVOCI금융자산		95,198	(대)	현금	95,198
20X1.12.31	(차)	FVOCI금융자산 현금		1,424 10,000	(대)	이자수익	11,424
	(차)	FVOCI금융자산		378	(대)	FVOCI평가이익	378
20X2.12.31	(차)	FVOCI금융자산 현금		1,594 10,000	(대)	이자수익	11,594
	(차)	FVOCI평가이익 FVOCI평가손실		378 216	(대)	FVOCI금융자산	594

제4절　FVPL금융자산

(1) FVPL금융자산의 취득

투자채무상품을 매도 및 기타 목적으로 취득한 경우 FVPL금융자산으로 분류한다. FVPL금융자산의 취득과 직접 관련된 거래원가는 당기비용으로 처리한다.

(2) FVPL금융자산의 후속측정

FVPL금융자산은 후속적으로 유효이자율법을 적용하지 않고 액면이자 발생액을 이자수익으로 인식한다. FVPL금융자산은 매기 말 공정가치로 평가하여 평가손익을 당기손익으로 인식한다.

예제 10-3 | FVPL금융자산의 취득과 평가

㈜ABC는 20X1년 초 채권을 ₩95,000에 취득하여 FVPL금융자산으로 분류하였다. 취득관련 거래수수료는 ₩500이다. 만기는 20X3년 12월 31일이며 액면금액은 ₩100,000, 액면이자율은 10%(후급 조건)이다. 20X1년 말의 해당 금융자산의 공정가치는 ₩97,000이다. 해당 거래에 대한 회계처리를 하시오.

예제 10-3 | 풀이

일자		차변	금액		대변	금액
20X1. 1. 1	(차)	FVPL금융자산	95,000	(대)	현금	95,000
	(차)	수수료비용	500	(대)	현금	500
20X1.12.31	(차)	현금	10,000	(대)	이자수익	10,000
	(차)	FVPL금융자산	2,000	(대)	FVPL평가이익	2,000

CHAPTER

사채

제1절 | 사채의 의의
제2절 | 사채의 회계처리

CHAPTER 11 | 사채

제1절 사채의 의의

(1) 사채의 정의

사채(bond payable, 또는 회사채)란 주식회사가 불특정 다수인으로부터 거액의 장기 자금을 조달하기 위한 목적으로 발행하는 채무증서를 의미한다. 주식회사는 사채를 ₩10,000 이상의 균일한 금액으로 나누어 발행함으로써 소액의 자금들을 모아 거액의 장기투자자금을 쉽게 조달할 수 있다. 사채발행회사는 사채 만기일에 원금을 사채권자(사채 투자자)에게 지급해야 하며 약정된 이자지급기마다 액면이자를 지급하여야 한다.

(2) 사채관련 용어

사채와 관련하여 등장하는 용어에 대한 설명은 다음과 같다.

> (1) 액면금액 : 사채의 만기일에 상환하여야 하는 금액
> (2) 액면이자율 : 사채의 발행자가 지급하기로 약정한 이자율
> (3) 액면이자 : 액면금액에 액면이자율을 곱한 금액. 사채의 발행자는 이자지급일마다 액면이자를 지급할 의무를 갖는다.

제2절 사채의 회계처리

(1) 사채의 발행

사채의 발행회사는 만기일에 액면가액으로 사채를 상환하여야 하지만, 사채 발행일에 항상 액면가액과 동일한 금액의 현금을 수취하는 것은 아니다. 예를 들어 액면금액 ₩100,000, 액면이자율 10%, 만기 3년의 회사채를 발행한다고 가정하자. 투자자가 수취할 현금흐름은 다음과 같다.

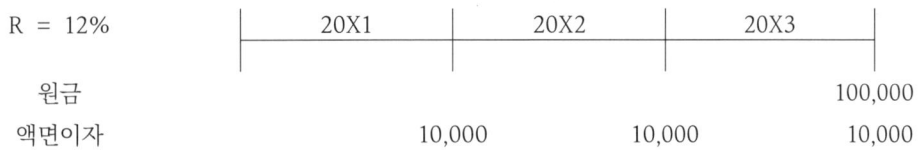

사채발행가액 = 100,000 × 0.7118 + 10,000 × 2.4018 = ₩95,198

투자자는 이러한 채무상품 취득을 위해 해당 현금흐름의 현재가치만큼 지불할 용의가 있을 것이다. 따라서 사채 발행자가 사채 발행시 수취하는 현금은 해당 현금흐름을 적절한 할인율로 할인한 현재가치이다. 시장이자율이 12%라면 사채 발행 시 수취할 금액은 위의 현금흐름의 현재가치인 ₩95,198이다. (단, 3기간 12% 연금의 현가계수는 2.4018, 단일금액의 현가계수는 0.7118이다.)

① 순액회계처리

사채 발행의 순액법 회계처리와 재무제표 표시내용은 다음과 같다.

20X1. 1. 1	(차) 현금	95,198	(대) 사채	95,198

〈재무상태표〉

자산		부채	
현금	95,198	사채	95,198
		자본	

② 총액회계처리

사채 발행의 총액법 회계처리와 재무제표 표시내용은 다음과 같다.

20X1. 1. 1	(차) 현금	95,198	(대) 사채	100,000
	(차) 사채할인발행차금	4,802		

〈재무상태표〉

자산		부채	
현금	95,198	사채	100,000
		사채할인발행차금	(4,802)
		자본	

(2) 사채의 이자비용

사채는 유효이자율법을 적용하여 이자비용을 인식한다.

(3) 사채의 할인발행과 할증발행

시장이자율이 액면이자율보다 높은 경우 사채의 발행가액은 액면금액보다 작다. 이러한 경우를 할인발행이라고 한다. 시장이자율과 액면이자율이 같은 경우 액면금액과 발행금액은 일치할 것이며(액면발행), 시장이자율보다 액면이자율이 높은 경우 액면금액보다 발행금액 더 크다(할증발행). 사채가 할증 발행된 경우 액면가액을 초과하는 부분은 사채할증발행차금이라는 계정과목으로 회계처리한다.

예제 11-1 | 사채의 할인발행

㈜ABC는 20X1년 초 장기자금조달 목적으로 회사채를 발행하였다. 만기는 20X3년 12월 31일이며 액면금액은 ₩100,000, 액면이자율은 10%(후급조건)이다. 발행 당시의 시장이자율은 12%이다. 해당 사채에 대한 회계처리를 하시오. (단, 3기간 12% 단일금액의 현가계수는 0.7118, 정상연금의 현가계수는 2.4018이다.)

예제 11-1 | 풀이

사채의 현금흐름은 다음과 같으며 사채의 현재가치(발행가액)는 다음과 같다.

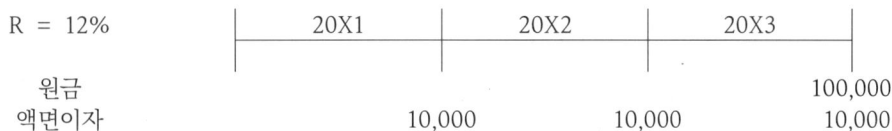

사채발행가액 = 100,000 × 0.7118 + 10,000 × 2.4018 = ₩95,198

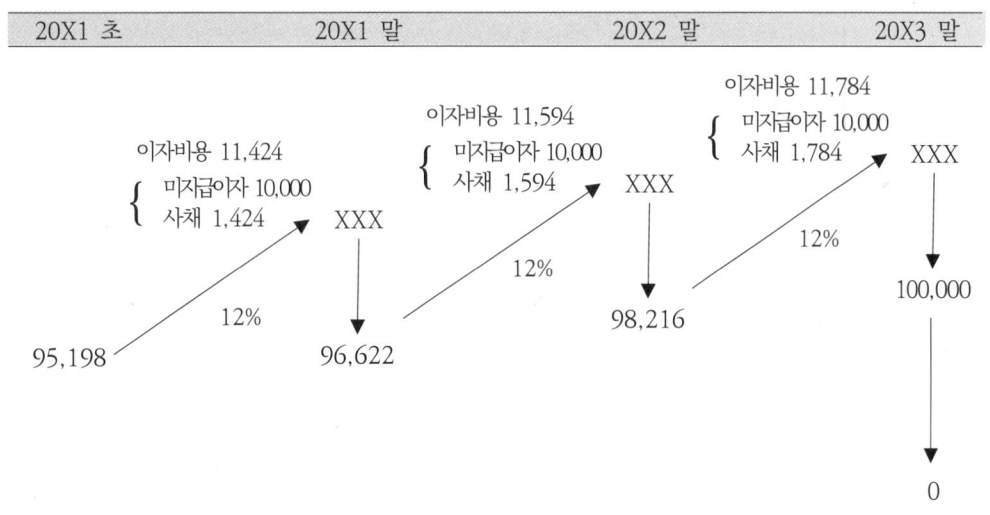

〈순액회계처리〉

20X1. 1. 1	(차)	현금	95,198	(대)	사채	95,198
20X1.12.31	(차)	이자비용	11,424	(대)	사채 현금	1,424 10,000
20X2.12.31	(차)	이자비용	11,594	(대)	사채 현금	1,594 10,000
20X3.12.31	(차)	이자비용	11,784	(대)	사채 현금	1,784 10,000
	(차)	사채	100,000	(대)	현금	100,000

〈총액회계처리〉

20X1. 1. 1	(차)	현금 사채할인발행차금	95,198 4,802	(대)	사채	100,000
20X1.12.31	(차)	이자비용	11,424	(대)	사채할인발행차금 현금	1,424 10,000
20X2.12.31	(차)	이자비용	11,594	(대)	사채할인발행차금 현금	1,594 10,000
20X3.12.31	(차)	이자비용	11,784	(대)	사채할인발행차금 현금	1,784 10,000
	(차)	사채	100,000	(대)	현금	100,000

예제 11-2 | 사채의 할증발행

㈜ABC는 20X1년 초 장기자금조달 목적으로 회사채를 발행하였다. 만기는 20X3년 12월 31일이며 액면금액은 ₩100,000, 액면이자율은 10%(후급조건)이다. 발행 당시의 시장이자율은 8%였다. 해당 사채에 대한 회계처리를 하시오. (단, 3기간 8% 단일금액의 현가계수는 0.7938, 정상연금의 현가계수는 2.5771이다.)

예제 11-2 | 풀이

사채의 현금흐름은 다음과 같으며 사채의 현재가치(발행가액)는 다음과 같다.

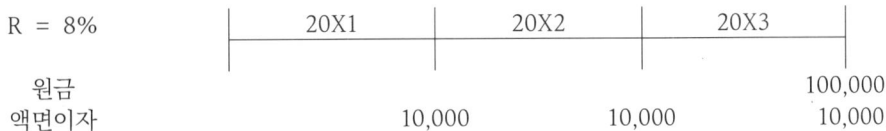

사채발행가액 = 100,000 × 0.7938 + 10,000 × 2.5771 = ₩105,151

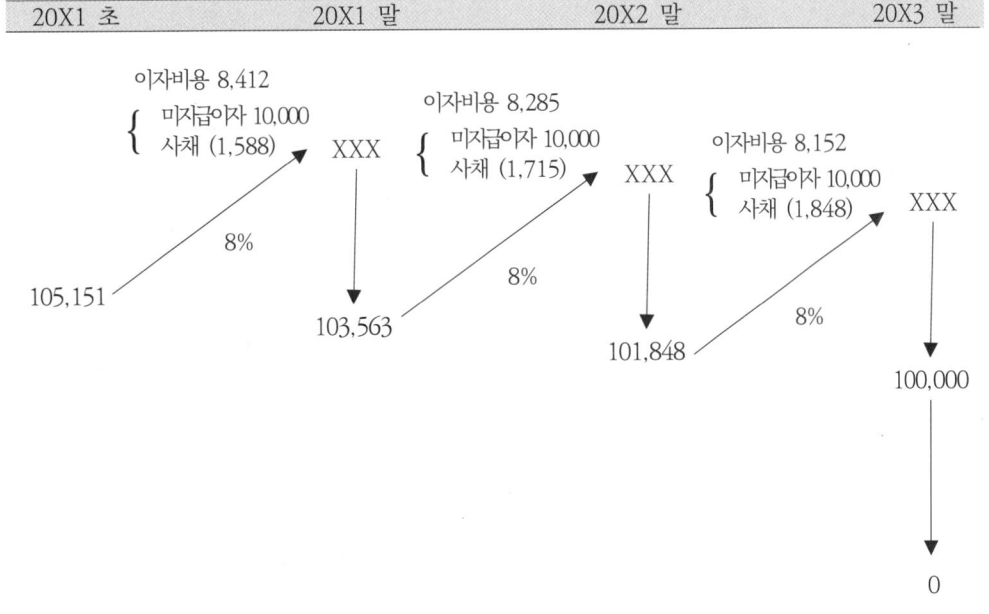

〈순액회계처리〉

20X1. 1. 1	(차)	현금	105,151	(대)	사채	105,151
20X1.12.31	(차)	이자비용 사채	8,412 1,588	(대)	현금	10,000
20X2.12.31	(차)	이자비용 사채	8,285 1,715	(대)	현금	10,000
20X3.12.31	(차)	이자비용 사채	8,152 1,848	(대)	현금	10,000
	(차)	사채	100,000	(대)	현금	100,000

〈총액회계처리〉

20X1. 1. 1	(차)	현금	105,151	(대)	사채 사채할증발행차금	100,000 5,151
20X1.12.31	(차)	이자비용 사채할증발행차금	8,412 1,588	(대)	현금	10,000
20X2.12.31	(차)	이자비용 사채할증발행차금	8,285 1,715	(대)	현금	10,000
20X3.12.31	(차)	이자비용 사채할증발행차금	8,152 1,848	(대)	현금	10,000
	(차)	사채	100,000	(대)	현금	100,000

CHAPTER

기타부채

제1절 | 부채의 정의와 분류
제2절 | 부채 유형별 회계처리

CHAPTER 12 | 기타부채

제1절 부채의 정의와 분류

(1) 부채의 정의

부채는 자산과 함께 기업의 재무상태를 나타내는 중요한 요소이다. 부채는 '과거 사건에 의하여 발생하였으며 경제적 효익이 내재된 자원이 기업으로부터 유출됨으로써 이행될 것으로 기대되는 현재 의무'로 정의된다. 쉽게 말해 부채는 기업이 미래에 현금이나 용역 등을 제공해야 할 의무를 말한다.

(2) 유동부채와 비유동부채

부채는 의무이행시점에 따라 유동부채와 비유동부채로 구분할 수 있다. 1년 이내에 지급되는 부채는 유동부채, 1년 이후에 지급되는 부채를 비유동부채라 한다.

(3) 금융부채와 비금융부채

거래상대방에게 현금 등을 지급해야 하는 부채를 금융부채라 한다. 차입금, 사채, 미지급금, 매입채무 등이 금융부채에 해당한다. 금융부채 이외의 부채를 비금융부채라 한다. 비금융부채의 예로 선수수익 등을 들 수 있다.

제2절 부채 유형별 회계처리

(1) 차입금

 기업이 자금을 가장 신속하게 조달하는 방법은 금융기관에서 자금을 차입하는 것이다. 금융기관으로부터 차입한 금액을 차입금이라는 부채로 인식한다. 20X1년 1월 1일 차입금 ₩1,000,000을 이자율 5%(매년 말 후급조건)로 차입한 경우 회계처리는 다음과 같다.

| 20X1. 1. 1 | (차) | 현금 | 1,000,000 | (대) | 차입금 | 1,000,000 |
| 20X1.12.31 | (차) | 이자비용 | 50,000 | (대) | 현금 | 50,000 |

 사채는 액면이자율과 시장이자율이 다른 경우 할인발행이나 할증발행이 이루어진다. 반면 차입금은 차입처의 신용도에 따라 맞춤형으로 액면이자가 결정되므로 항상 액면이자율과 시장이자율이 동일하다.

(2) 매입채무

 매입채무란 상품이나 원재료를 외상으로 매입한 경우 미래에 지급해야 하는 의무로 일반적인 상거래에서 흔히 발생한다. 매입채무는 재고자산을 외상으로 매입하는 경우 발생하며 현금으로 외상매입대금을 지급함으로써 감소한다.

| 외상매입 | (차) | 상품(또는 매입) | 100,000 | (대) | 매입채무 | 100,000 |
| 대금지급 | (차) | 매입채무 | 100,000 | (대) | 현금 | 100,000 |

(3) 미지급금

 미지급금이란 기업본래의 상품매매활동 이외에서 발생한 단기의 채무를 말한다. 예를 들어 회사가 토지를 구입하고 미래에 대금을 지급하기로 계약한 경우 이를 미지급금으로 회계처리한다. 미지급금을 1년 이내에 지급해야 하는 경우는 유동부채로 1년 이후에 지급해야 하는 경우는 비유동부채로 분류한다.

| 외상매입 | (차) | 토지 | 100,000 | (대) | 미지급금 | 100,000 |
| 대금지급 | (차) | 미지급금 | 100,000 | (대) | 현금 | 100,000 |

(4) 미지급비용

미지급비용은 당기에 비용이 발생하였으나 아직 대금을 지급하지 않은 경우 발생한다. 미지급비용의 예로는 미지급급여, 미지급이자, 미지급수수료 등이 있다.

비용발생	(차)	비용	100,000	(대)	미지급비용	100,000
대금지급	(차)	미지급비용	100,000	(대)	현금	100,000

(5) 선수수익

선수수익이란 현금을 미리 수취하고 재화나 용역을 미래에 제공하기로 약속한 경우 발생한 부채를 말한다. 현금 수취시점에 선수수익으로 회계처리하고 상품을 제공하거나 용역을 제공하면서 선수수익과 매출을 상계처리한다. 현행 국제회계기준에서는 이를 계약부채(contract liability)라 부른다.

현금수취	(차)	현금	100,000	(대)	선수수익	100,000
재화, 용역 제공	(차)	선수수익	100,000	(대)	매출	100,000

(6) 가수금

가수금이란 현금을 수취하였으나 그 원인이 밝혀지지 않은 경우에 그 원인이 밝혀질 때까지 현금수입액을 기록하기 위하여 일시적으로 사용하는 계정과목을 말한다. 따라서 가수금은 거래의 내용이 밝혀져 계정과목과 금액이 확정되면 해당 계정과목으로 대체하여 감소시켜야 하며, 결과적으로 이들 계정은 재무상태표에 표시되지 않는다.

현금수취 (출처모름)	(차)	현금	100,000	(대)	가수금	100,000
출처확인 (매출채권회수)	(차)	가수금	100,000	(대)	매출채권	100,000

(7) 예수금

예수금이란 궁극적으로 제3자에게 지급해야 할 금액을 기업이 거래처나 직원으로부터 받아 일시적으로 보관하고 있는 경우에 발생하는 채무를 의미한다. 예를 들어, 상품 판매시 고객으로부터 수취하여 일시적으로 보관하다가 세무서에 납부하여야 하는 부가가치세나 급료 지급시 종업원으로부터 원천징수하여 일시적으로 보관하다가 세무서에 납부하여야 하는 소득세 등은 예수금에 해당한다.

부가가치세거래징수	(차)	현금	110,000	(대)	매출 부가세예수금	100,000 10,000
부가가치세 납부	(차)	부가세예수금	10,000	(대)	현금	10,000

(8) **충당부채**

충당부채는 과거사건으로 의무가 발생하였으나 그 금액이 확정되지 않은 경우 인식하는 부채이다. 예를 들어 자동차 접촉사고를 냈다고 가정하자. 사고의 가해자는 피해자의 차량을 수리할 의무가 있지만 그 금액이 얼마인지 사고 발생시점에는 확정되지 않는다. 이러한 경우가 충당부채의 예시가 될 수 있다. 충당부채는 경제적효익의 유출가능성이 높고, 그 금액을 신뢰성 있게 추정할 수 있는 경우 재무상태표에 부채로 인식한다. 만약 경제적효익의 유출가능성이 높지 않거나 그 금액을 신뢰성 있게 추정할 수 없다면 재무상태표에 충당부채로 인식하지 않는다. 대신 해당 사항을 우발부채에 해당하며 주석으로 공시한다.

CHAPTER

자본

제1절 | 자본의 의의
제2절 | 증자거래의 회계처리
제3절 | 감자거래의 회계처리
제4절 | 자기주식 거래
제5절 | 배당
제6절 | 자본변동표

CHAPTER 13 | 자본

제1절 자본의 의의

(1) 자본의 정의

자본은 기업의 자산에서 부채를 차감한 잔여지분을 말한다. 자본은 주주지분이라고도 하며 기업의 자산 중 주주의 청구권에 해당한다. 기업이 보유하고 있는 자산은 채권자로부터 조달된 채권자청구권(부채)과 주주로부터 조달된 주주청구권(자본)으로 구성된다. 자본은 자산, 부채처럼 별도의 평가방법이 존재하지 않으며 자산에서 부채를 차감하여 계산한다.

(2) 자본의 분류

한국채택국제회계기준에서는 자본의 분류 예시로 납입자본, 이익잉여금, 기타자본구성요소를 제시하고 있다. 한국채택국제회계기준에서는 자본의 분류를 더 세분화해서 지정하고 있지 않다. 그 이유는 자본의 회계처리는 국가별 상법의 영향을 받게 되므로 서로 다른 상법을 적용받는 국가에 통일된 자본의 회계처리 방식을 적용하기 불가능하기 때문이다. 따라서 한국채택국제회계기준을 적용하는 기업이라 하더라도 아래의 분류 예시를 반드시 따라야하는 것은 아니며, 전통적 분류체계에 따른 자본의 분류도 가능하다.

[표 13-1] 자본의 분류

한국채택국제회계기준	전통적 분류	발생원인
납입자본	자본금	자본거래
	자본잉여금	
기타자본구성요소	자본조정	손익거래
	기타포괄손익누계액	
이익잉여금	이익잉여금	

(3) 자본거래와 손익거래

자본거래는 거래상대방이 회사의 현재 주주나 잠재적 주주인 거래를 말한다. 자본거래의 예로는 증자거래나 감자거래, 자기주식의 취득 및 처분거래를 들 수 있다. 자본거래로 인한 자본의 변경은 주로 자본금, 자본잉여금, 자본조정에 반영된다.

손익거래는 회사의 순자산 변동분 중 주주와의 자본거래를 제외한 나머지의 모든 거래를 말한다. 이러한 손익거래로 인한 순자산의 변동은 이익잉여금과 기타포괄손익누계액에 집계된다.

제2절　증자거래의 회계처리

(1) 증자의 의의

증자는 주식을 발행하여 기업의 자본금을 증가시키는 거래이며, 주금의 납입 여부에 따라 유상증자와 무상증자로 구분할 수 있다.

(2) 유상증자

유상증자는 회사가 주주로부터 주금을 납입 받고 신주를 발행하는 자본거래이다. 유상증자시 기업의 순자산이 증가하므로 실질적 증자라고도 한다. 유상증자시 주식의 발행가액이 액면을 초과할 경우 그 초과분은 주식발행초과금(자본잉여금)으로 처리하고, 발행가액이 액면에 미달하는 경우 주식할인발행차금(자본조정)으로 처리한다. 유상증자시 증권인쇄비, 증권사수수료 등 직접 관련된 거래원가는 주식의 발행금액에서 차감하여 측정한다. 즉, 해당 지출은 비용처리하지 않고, 주식발행초과금 등에서 차감한다는 의미이다. 주식발행과 직접 관련 없는 간접원가는 주식발행초과금에서 차감하지 않고 발생시점에 비용처리한다.

예제 13-1 | 유상증자

㈜ABC는 유상증자를 실시하여 액면금액 ₩5,000의 주식 100주를 발행하였다. 다음 각 상황별로 회계처리를 하시오.

물음 1) 발행가액이 주당 ₩5,000인 경우
물음 2) 발행가액이 주당 ₩7,000인 경우
물음 3) 발행가액이 주당 ₩4,000인 경우

예제 13-1 | 풀이

물음 1)

(차) 현금	500,000	(대) 자본금	500,000

해당 거래가 재무상태표에 미치는 영향은 다음과 같다.

<재무상태표>

자산		부채	
현금	500,000		
		자본	
		자본금	500,000

물음 2)

(차)	현금	700,000	(대)	자본금	500,000
				주식발행초과금	200,000

해당 거래가 재무상태표에 미치는 영향은 다음과 같다.

<재무상태표>

자산		부채	
현금	700,000		
		자본	
		자본금	500,000
		주식발행초과금	200,000

물음 3)

(차)	현금	400,000	(대)	자본금	500,000
	주식할인발행차금	100,000			

해당 거래가 재무상태표에 미치는 영향은 다음과 같다.

<재무상태표>

자산		부채	
현금	400,000		
		자본	
		자본금	500,000
		주식할인발행차금	(100,000)

예제 13-2 | 주식발행비용

㈜ABC는 유상증자를 실시하여 액면금액 ₩5,000의 주식 100주를 주당 ₩7,000에 발행하였다. 이에 추가로 총 ₩4,000의 유상증자와 직접 관련된 거래원가가 발생하였다. 해당 거래에 대한 회계처리를 하시오.

예제 13-2 | 풀이

(차)	현금	700,000	(대)	자본금	500,000
				주식발행초과금	200,000
(차)	주식발행초과금	4,000	(대)	현금	4,000

(3) 무상증자

무상증자는 주금의 납입없이 자본잉여금이나 이익준비금을 자본에 전입하고 증가된 자본금 만큼 신주를 발행하는 방법이다. 무상증자에서는 순자산, 자본총계는 변함이 없으므로 형식적증자라고도 한다.

예제 13-3 | 무상증자

㈜ABC는 주식발행초과금을 자본에 전입시키는 방식으로 무상증자를 실시하였다. 주식의 액면금액은 ₩5,000이며 무상증자를 통해 신주 100주가 발행되었다. 무상증자에 대한 회계처리를 하시오.

예제 13-3 | 풀이

(차)	주식발행초과금	500,000	(대)	자본금	500,000

해당 거래가 재무상태표에 미치는 영향은 다음과 같다.

〈재무상태표〉

자산	부채
	자본 　자본금　　　　　　500,000 　주식발행초과금　　(500,000)

제2절 증자거래의 회계처리

제3절 감자거래의 회계처리

(1) 감자의 의의

감자거래는 자본금을 감소시키는 자본거래이다. 주주에게 주식을 반환받고 대가(현금)를 지불하는 거래를 유상감자라 하며, 주식을 주주에게 대가를 지불하지 않고 자본금을 감소시키는 것을 무상감자라 한다.

(2) 유상감자

유상감자란 회사가 발행주식을 법적으로 감소시키고, 이에 대한 대가를 주주들에게 현금으로 지급하는 자본거래이다. 유상감자시 회사의 순자산이 감소하므로 실질적 감자라고 한다. 주주에게 지급한 감자대가가 감소한 자본의 액면에 미달하는 경우 그 미달하는 금액을 감자차익으로 회계처리한다. 반대로 감자대가가 자본의 액면금액을 초과하는 경우 그 초과분은 감자차손으로 회계처리한다.

예제 13-4 | 유상감자

㈜ABC의 주식의 액면가액은 ₩5,000이며, 유상감자를 실시하였다. 다음 각 상황별로 회계처리를 하시오.

물음 1) 발행주식 10주를 주당 감자대가 ₩4,000을 지급하고 주식을 소각하였다.
물음 2) 발행주식 10주를 주당 감자대가 ₩7,000을 지급하고 주식을 소각하였다.

예제 13-4 | 풀이

물음 1)

(차) 자본금	50,000	(대) 현금	40,000
		감자차익	10,000

해당 거래가 재무상태표에 미치는 영향은 다음과 같다.

⟨재무상태표⟩

자산		부채	
현금	(40,000)		
		자본	
		자본금	(50,000)
		감자차익	10,000

물음 2)

(차) 자본금　　　　　　　50,000　(대) 현금　　　　　　70,000
　　 감자차손　　　　　　20,000

해당 거래가 재무상태표에 미치는 영향은 다음과 같다.

⟨재무상태표⟩

자산		부채	
현금	(70,000)		
		자본	
		자본금	(50,000)
		감자차손	(20,000)

(3) 무상감자

무상감자란 주주에게 감자대가를 지급하지 않고 자본금을 감소시키는 자본거래이다. 무상감자 거래시 소멸하는 자본금을 제거하고 해당 금액을 감자차익으로 인식한다.

예제 13-5 | 무상감자

㈜ABC의 주식의 액면가액은 ₩5,000이며, 발행주식 10주에 대한 무상감자를 실시하였다. 무상감자에 대한 회계처리를 하시오.

예제 13-5 | 풀이

(차) 자본금　　　　　　　　　50,000　(대) 감자차익　　　　　　　　　50,000

해당 거래가 재무상태표에 미치는 영향은 다음과 같다.

〈재무상태표〉

자산	부채
	자본 　자본금　　　(50,000) 　감자차익　　 50,000

제4절　자기주식 거래

(1) 자기주식의 의의

자기주식이란 회사가 발행한 주식을 다시 취득한 것을 말한다. 자기주식은 자본의 차감계정으로 인식한다.

(2) 자기주식의 취득

자기주식을 ₩10,000에 취득한 경우의 회계처리와 재무제표에 미치는 영향은 다음과 같다.

자기주식취득	(차) 자기주식	10,000	(대) 현금	10,000

〈재무상태표〉

자산		부채	
현금	(10,000)		
		자본	
		자기주식	(10,000)

(3) 자기주식의 처분

회사가 자기주식을 외부로 처분하는 경우 처분대가와 취득원가의 차이를 자기주식처분이익(자본잉여금) 또는 자기주식처분손실 (자본조정)으로 회계처리한다. 자기주식처분이익과 자기주식처분손실은 서로 상계하여 표시한다. 즉, 자기주식처분이익이 있는 상태에서 자기주식처분손실이 발생한다면 해당 자기주식처분이익을 우선 차감하고 나머지 금액을 자기주식처분손실로 인식한다. 또한 자기주식처분손실이 있는 상태에서 자기주식처분이익이 발생한다면 해당 자기주식처분손실을 우선 차감하고 나머지 금액을 자기주식처분이익으로 인식한다.

예제 13-6 | 자기주식 거래

㈜ABC의 20X1년 중 자기주식거래에 대한 내역은 다음과 같다. (단, 주식의 액면금액은 ₩5,000이며, 해당 거래 전 자기주식처분손익 잔액은 ₩0이다.)

날짜	거래내역
3월 13일	자기주식 100주를 주당 ₩7,000에 취득하였다.
4월 10일	자기주식 30주를 주당 ₩8,000에 처분하였다.
6월 22일	자기주식 30주를 주당 ₩5,000에 처분하였다.

각 일자별 회계처리를 하시오.

예제 13-6 | 풀이

20X1. 3.13	(차)	자기주식	700,000	(대)	현금	700,000
20X1. 4.10	(차)	현금	240,000	(대)	자기주식	210,000
					자기주식처분이익	30,000
20X1. 6.22	(차)	현금	150,000	(대)	자기주식	210,000
		자기주식처분이익	30,000			
		자기주식처분손실	30,000			

제5절 배당

(1) 배당의 의의

배당은 기업이 경영활동을 통해 창출한 이익을 주주에게 환원하는 자본거래이다. 회사가 영업활동으로 벌어들인 이익은 이익잉여금에 집계된다. 회사는 이익잉여금을 배당을 통해 처분할수 있으며 배당은 현금배당과 주식배당으로 구분할 수 있다.

(2) 현금배당

현금배당(cash dividend)은 회사가 창출한 이익을 주주들에게 현금으로 배분하는 자본거래이다. 현금으로 배당하는 금액만큼 이익잉여금이 감소한다. 주주에게 현금으로 ₩100,000을 배당한 경우의 회계처리는 다음과 같다.

| 현금배당 | (차) 이익잉여금 | 100,000 | (대) 현금 | 100,000 |

〈재무상태표〉

자산	부채
현금　(100,000)	
	자본
	이익잉여금　(100,000)

(3) 주식배당

주식배당(stock dividend)은 회사가 창출한 이익을 주식을 발행하여 교부하는 자본거래를 말한다. 신주를 발행함으로 인해 자본금이 증가하며 해당 금액만큼 이익잉여금이 감소한다. 따라서 주식배당의 경우 순자산의 변동이 없다. 주식배당으로 액면 ₩5,000의 신주 10주를 발행한 경우의 회계처리는 다음과 같다.

| 주식배당 | (차) 이익잉여금 | 50,000 | (대) 자본금 | 50,000 |

〈재무상태표〉

자산	부채
	자본
	자본금　　　50,000
	이익잉여금　(50,000)

제6절 자본변동표

(1) 자본변동표의 의의
자본변동표란 한 회계기간 동안의 자본의 항목별 증감내역을 보여주는 재무제표이다.

(2) 자본변동표의 형식
자본변동표는 회계기간 중 발생한 자본거래에 따른 자본 구성내역별 증감내역을 보여준다. 또한 손익거래로 인한 자본의 증감을 기타포괄손익누계액과 이익잉여금을 통해 보여준다.

예제 13-7 | 자본변동표

㈜ABC의 20X1년 초 자본의 구성내역은 다음과 같다. (단, 주식의 액면금액은 주당 ₩5,000이다.)

자본금	주식발행초과금	이익잉여금
₩15,000,000	₩5,000,000	₩5,000,000

㈜ABC의 20X1년 자본거래 내역은 다음과 같다.

(1) 2월 1일 보통주 600주를 주당 ₩10,000에 발행하는 유상증자를 실시하였다.
(2) 4월 1일 보통주 100주를 주당 ₩9,000을 지급하여 유상감자하였다.
(3) 5월 1일 자기주식 10주를 주당 ₩10,000에 취득하였다.
(4) 6월 1일 자기주식 2주를 주당 ₩11,000에 처분하였다.
(5) 6월 30일 동 일자의 주주들에게 총 ₩1,000,000의 배당을 현금으로 지급하였다.
(6) 20X1년의 당기순이익으로 ₩2,000,000을 보고하였다.

㈜ABC의 20X1년 자본변동표를 작성하시오. (단, 납입자본, 기타자본구성요소, 이익잉여금으로 자본을 구분한다. 주식발행초과금은 납입자본으로 분류하며, 자기주식처분손익, 감자차익·차손은 기타자본구성요소로 분류한다.)

예제 13-7 | 풀이

자본거래에 대한 회계처리 내역은 다음과 같다.

20X1. 2. 1	(차)	현금	6,000,000	(대)	자본금		3,000,000
					주식발행초과금		3,000,000
20X1. 4. 1	(차)	자본금	500,000	(대)	현금		900,000
		감자차손	400,000				
20X1. 5. 1	(차)	자기주식	100,000	(대)	현금		100,000
20X1. 6. 1	(차)	현금	22,000	(대)	자기주식		20,000
					자기주식처분이익		2,000
20X1. 6.30	(차)	이익잉여금	1,000,000	(대)	현금		1,000,000

자본변동표는 다음과 같다.

	납입자본	기타자본구성요소	이익잉여금
기초자본	₩20,000,000	-	₩5,000,000
2월 1일 유상증자	6,000,000		
4월 1일 유상감자	(500,000)	(400,000)	
5월 1일 자기주식취득		(100,000)	
6월 1일 자기주식처분		22,000	
6월 30일 배당지급			(1,000,000)
당기순이익			2,000,000
기말	₩25,500,000	(₩478,000)	₩6,000,000

CHAPTER

수익인식

제1절 | 수익인식 일반사항
제2절 | 재화의 판매와 용역의 제공
제3절 | 순매출 계산

CHAPTER 14 | 수익인식

제1절 수익인식 일반사항

(1) 수익의 정의

수익이란 기업실체의 경영활동과 관련된 재화의 판매, 용역의 제공 등에 대한 대가로 발생하는 자산의 증가 또는 부채의 감소를 말한다. 수익을 인식하면 자산이 증가하거나 부채가 감소하며, 이에 따라 기업의 자본이 증가한다.

(2) 수익인식 시점

수익을 인식하는 방법으로 현금주의와 발생주의가 있다. 현금주의는 현금의 수입 시점에 수익을 인식하는 방법이며 기간손익배분이 부적절하며 재무회계에서는 현금주의를 수익의 인식기준으로 채택하지 않는다. 반면 발생주의는 현금의 수입과 지출보다는 거래의 발생사실(재화나 용역의 제공)에 근거하여 수익과 비용을 인식하며 수익의 적절한 인식 기준이다.

(3) 비용의 인식

비용은 수익에 대응하여 인식하며 이를 수익비용대응의 원칙(matching principle)이라 한다. 수익에 비용을 대응시키는 방법에는 직접대응, 합리적이고 체계적인 대응, 즉시 비용처리 세 가지가 있다.

① 직접대응

수익에 비용을 직접 추적할 수 있는 경우 비용을 인식하는 방법이다. 재고자산 판매에 따른 매출액에 대응하여 매출원가를 인식하는 것이 직접대응의 대표적인 예이다.

② 합리적이고 체계적인 대응(간접대응)

수익과 비용의 직접적인 인과관계의 추적은 어렵지만, 관련 지출이 효익을 제공하는 기간을 합리적으로 추정할 수 있을 때 비용을 인식하는 방법이다. 감가상각비가 합리적이고 체계적인 대응의 예이다.

③ 즉시비용처리

특정 지출에 따른 경제적 효익의 유입가능성이 높지 않거나, 수익과 대응되는 시점을 알기 어려운 경우에는 지출 시점에 즉시 비용으로 처리한다. 즉시비용처리의 예로 급여, 광고선전비, 소모품비 등을 들 수 있다.

제2절　재화의 판매와 용역의 제공

(1) 재화의 판매수익

고객으로부터 현금 등을 수취하고 재화(상품이나 제품)나 용역을 제공하기로 한 계약상 의무를 수행의무라 한다. 일반적으로 재화를 제공하기로 한 수행의무는 한 시점에 이행되는 수행의무이며 재화를 인도하는 시점에 수익을 인식한다.

예제 14-1 | 재화의 판매수익

㈜ABC는 20X1년 12월 1일 상품 10단위를 단위당 ₩100에 매입하였으며, 12월 25일 상품 5단위를 단위당 ₩150에 외상으로 판매하였다. 외상판매대금은 20X2년 1월 3일 회수되었다.

물음 1) ㈜ABC가 20X1년 수익과 비용으로 인식할 금액은 얼마인가?

물음 2) 해당 거래에 대한 회계처리를 하시오. (단, 계속기록법을 적용하시오.)

예제 14-1 | 풀이

물음 1)

재화의 판매는 한 시점에 이행되는 수행의무이다. 재화 판매에 따른 수익은 재화의 판매시점(인도시점)에 인식한다.

매출 = 5단위 × @150 = ₩750
매출원가 = 5단위 × @100 = ₩500

물음 2)

일자		차변			대변	
20X1.12. 1	(차)	상품	1,000	(대)	현금	1,000
20X1.12.25	(차)	매출채권	750	(대)	매출	750
		매출원가	500		상품	500
20X2. 1. 3	(차)	현금	750	(대)	매출채권	750

(2) 용역제공으로 인한 수익

용역(service)의 제공은 계약상 합의된 과업을 합의한 기간에 수행하는 것을 말한다. 일반적으로 용역을 제공하기로 한 수행의무는 기간에 걸쳐 이행되는 수행의무이며 용역을 제공하는 기간에 걸쳐 수익을 인식한다. 이러한 수익인식방법을 진행기준이라 한다.

예제 14-2 | 용역제공으로 인한 수익

20X1년 11월 1일 ㈜ABC는 고객에게 용역을 제공하기로 고객과 계약을 체결하였다. 용역에 대한 대가는 용역완료 후 ₩1,000을 받기로 하였다. 용역을 완료하기까지 총 소요시간 100시간이 투입될 것으로 예상되며, 당기 중 35시간을 투입하였다.

물음 1) 용역수익으로 인식할 금액은 얼마인가?
물음 2) 해당 거래에 대한 회계처리를 하시오.

예제 14-2 | 풀이

물음 1)
진행률 = 35시간/100시간 = 35%
용역매출 = 1,000 × 35% = ₩350

물음 2)

20X1.12.31	(차) 미수수익	350	(대) 매출	350

〈참고〉
현행 국제회계기준에서는 미수수익이라는 계정대신 계약자산이라는 계정을 사용한다.

(3) 수익인식 5단계법

현행 국제회계기준은 다음과 같은 5단계로 거래를 분석하여 수익을 인식하도록 규정한다.

[표 14-1] 수익인식 5단계법

| <1단계> 계약의 식별 | → | <2단계> 수행의무식별 | → | <3단계> 거래가격산정 | → | <4단계> 거래가격배분 | → | <5단계> 수행의무이행 |

예제 14-3 | 수익인식 5단계법

㈜ABC는 게임기와 게임소프트웨어를 판매하는 회사이다.

(1) 게임기의 개별판매가격은 ₩300,000, 게임소프트웨어의 개별판매가격은 ₩100,000이다. 단, 게임기와 게임소프트웨어를 함께 구매하는 경우 ₩360,000에 판매한다.
(2) 20X1년 12월 25일 게임기와 게임소프트웨어 주문을 받으면서 ₩360,000을 수취하였다.
(3) 게임기는 20X1년 12월 28일, 게임소프트웨어는 20X2년 1월 2일 인도되었다.

위의 사례를 수익인식 5단계법에 따라 분석하고 회계처리를 제시하시오.

예제 14-3 | 풀이

〈1단계〉 계약의 식별
20X1년 12월 25일 주문접수를 통하여 계약이 발생하였음을 식별할 수 있다.

〈2단계〉 수행의무를 식별
게임기를 인도하는 수행의무와 게임소프트웨어를 인도하는 수행의무로 구성된다.

〈3단계〉 거래가격을 산정
거래가격은 ₩360,000이다.

〈4단계〉 거래가격을 수행의무에 배분
게임기에 배분될 거래가격 = 360,000 × 300,000/400,000 = ₩270,000
게임소프트웨어에 배분될 거래가격 = 360,000 × 100,000/400,000 = ₩90,000

⟨5단계⟩ 수행의무를 이행할 때 수익인식

게임기 판매는 20X1년 12월 28일, 게임소프트웨어 판매는 20X2년 1월 2일 인식한다.

20X1.12.25	(차)	현금	360,000	(대)	계약부채	360,000
20X1.12.28	(차)	계약부채	270,000	(대)	매출	270,000
20X2. 1. 2	(차)	계약부채	90,000	(대)	매출	90,000

제3절 순매출 계산

(1) 매출할인

상품을 외상으로 판매한 경우 매출채권을 빠르게 회수하기 위하여 일정기간안에 대금을 결제하는 거래처에게 할인해택을 주는 경우가 있으며 이를 매출할인이라고 한다. 이러한 매출할인의 조건은 '2/10, n/30'과 같이 표기된다. 이의 의미는 만기는 30일이며 10일 이내에 결제하면 2%를 할인해 준다는 의미이다. 매출할인과 관련된 회계처리의 예시는 다음과 같다.

⟨10일 이내 대금을 회수하여 매출할인을 제공한 경우⟩

외상판매	(차)	매출채권	1,000	(대)	매출	1,000
10일 이내 회수	(차)	현금	980	(대)	매출채권	1,000
		매출할인	20			

이때 ₩1,000을 총매출액이라고 하며 매출할인을 차감한 ₩980을 순매출액이라고 한다. 포괄손익계산서에 표시할 매출액은 총매출액이 아닌 순매출액이다.

⟨10일 이후 대금을 회수하여 매출할인을 제공하지 않은 경우 경우⟩

외상판매	(차)	매출채권	1,000	(대)	매출	1,000
10일 이후 회수	(차)	현금	1,000	(대)	매출채권	1,000

(2) 매출환입

판매된 재고자산을 반품 받는 경우를 매출환입이라 한다. ₩1,000에 외상 판매한 상품 중 원가 ₩300에 해당하는 상품을 반품 받고 나머지 ₩700을 회수하였을 경우의 회계처리는 다음과 같다.

외상판매	(차)	매출채권	1,000	(대)	매출	1,000
매출환입	(차)	현금	700	(대)	매출채권	1,000
		매출환입	300			

이때 ₩1,000을 총매출액이라고 하며 매출할인을 차감한 ₩700을 순매출액이라고 한다. 포괄손익계산서에 표시할 매출액은 총매출액이 아닌 순매출액이다.

(3) 매출에누리

판매한 재고자산에 불량이 발생하여 일부 금액을 할인해주는 경우를 매출에누리라 한다. 외상으로 ₩1,000을 판매하였으나 불량으로 인해 ₩100을 차감한 ₩900을 회수하였을 경우의 회계처리는 다음과 같다.

외상매출	(차)	매출채권	1,000	(대)	매출	1,000
매출에누리	(차)	현금 매출에누리	900 100	(대)	매출채권	1,000

이때 ₩1,000을 총매출액이라고 하며 매출에누리를 차감한 ₩900을 순매출액이라고 한다. 포괄손익계산서에 표시할 매출액은 총매출액이 아닌 순매출액이다.

예제 14-4 | 순매출 계산

㈜ABC는 기중 다음과 같은 매출거래를 하였다.

날짜	내용
1월 10일	외상으로 상품을 ₩1,000에 판매하였다.
1월 15일	1월 10일 판매한 상품의 판매대금을 회수하였으며 2%의 매출할인이 있었다.
5월 20일	외상으로 상품을 ₩2,000에 판매하였다.
5월 31일	5월 20일 판매한 상품에 하자가 발생하여 30%를 반품받고 나머지는 대금을 회수하였다.
8월 10일	외상으로 상품을 ₩1,500에 판매하였다.
8월 20일	8월 10일 판매한 상품에 하자가 발생하여 ₩500을 차감한 ₩1,000을 회수하였다.

물음 1) 매 시점의 회계처리를 하시오. (단, 매출원가에 대한 회계처리는 생략한다.)

물음 2) 총매출액과 순매출액은 각각 얼마인가?

예제 14-4 | 풀이

물음 1)

20X1. 1.10	(차)	매출채권	1,000	(대)	매출	1,000
20X1. 1.15	(차)	현금 매출할인	980 20	(대)	매출채권	1,000
20X1. 5.20	(차)	매출채권	2,000	(대)	매출	2,000
20X1. 5.31	(차)	현금 매출환입	1,400 600	(대)	매출채권	2,000
20X1. 8.10	(차)	매출채권	1,500	(대)	매출	1,500
20X1. 8.20	(차)	현금 매출에누리	1,000 500	(대)	매출채권	1,500

물음 2)

총매출액 = 1,000 + 2,000 + 1,500 = ₩4,500

순매출액 = 4,500 + (20) + (600) + (500) = ₩3,380

CHAPTER

재무제표 작성

제1절 | 재무상태표와 포괄손익계산서 작성
제2절 | 현금흐름표 작성

CHAPTER 15 | 재무제표 작성

제1절 재무상태표와 포괄손익계산서 작성

(1) 회계순환과정

회사는 회계처리(분개)를 통해 기중 발생한 거래를 기록한다. 기말 결산시점에 이러한 거래들을 반영하여 재무제표를 작성한다. 재무제표가 작성되는 과정을 간략하게 표시하면 다음과 같다.

[표 15-1] 회계순환과정

| 거래발생 | ⇒ | 분개 | ⇒ | 원장으로 전기 | ⇒ | 결산 수정분개 | ⇒ | 수정후 시산표 | ⇒ | 재무제표 작성 |

기중 발생한 거래는 회계처리(분개)를 통해 기록되며, 계정별원장을 거쳐 시산표에 집계 된다. 기중에 발생한 거래만 반영된 시산표를 수정전시산표라 한다. (분개를 계정별원장을 거쳐 수정전시산표를 작성하는 과정을 "원장으로 전기"라 표현한다.) 기말에 매출원가, 감가상각비, 선급비용 등에 대한 회계처리가 이루어지며 이를 기말수정분개라 한다. 기말수정분개까지 반영된 시산표를 수정후시산표라한다. 수정후시산표상의 잔액을 바탕으로 재무상태표와 포괄손익계산서가 작성된다.

(2) 재무상태표와 포괄손익계산서 작성 예시

다음과 같은 거래가 발생한 회사의 재무제표 작성과정은 다음과 같다.

> (1) 납입자본 ₩5,000을 출자받아 회사가 설립되었다. (단, 액면발행에 해당한다.)
> (2) 은행에서 ₩3,000을 차입하였다.
> (3) 현금 ₩2,000으로 건물을 취득하였다.
> (4) 현금매출 ₩1,000이 발생하였다.
> (5) 당기중 감가상각비는 ₩500이다.

⟨기중거래 분개⟩

(차)	현금	5,000	(대)	자본금	5,000
(차)	현금	3,000	(대)	차입금	3,000
(차)	건물	2,000	(대)	현금	2,000
(차)	현금	1,000	(대)	매출	1,000

⟨수정전시산표⟩

	(차변)	(대변)
현금	₩9,000	₩2,000
건물	2,000	
차입금		3,000
자본금		5,000
매출		1,000
합계	₩11,000	₩11,000

⟨기말 수정분개⟩

| (차) | 감가상각비 | 500 | (대) | 감가상각누계액 | 500 |

⟨수정후시산표 및 손익계정마감⟩

	(차변)	(대변)
현금	₩9,000	₩2,000
건물	2,000	
감가상각누계액		500
차입금		3,000
자본금		5,000
매출		1,000
감가상각비	500	
합계	₩11,500	₩11,500

⟨손익계정마감⟩

(차)	매출	1,000	(대)	감가상각비	500
				집합손익	500
(차)	집합손익	500	(대)	이익잉여금	500

⟨재무제표 작성⟩

재무상태표

자산			부채		
현금		7,000	차입금		3,000
건물		2,000	자본		
감가상각누계액		(500)	자본금		5,000
			이익잉여금		500

포괄손익계산서

수익		
매출		1,000
비용		
감가상각비		500
순이익		500

예제 15-1 | 재무상태표와 포괄손익계산서 작성

㈜ABC는 20X1년 초 영업을 개시하였으며 기중 다음과 같은 거래가 발생하였다.

1월 1일 : 납입자본 ₩10,000을 출자받아 사업을 개시하였다. (주식의 액면가액은 ₩5,000이다.)
1월 5일 : 건물을 ₩2,000에 취득하였다. (내용연수 10년, 잔존가치는 없으며 정액법으로 상각)
2월 5일 : 상품 ₩4,000을 매입하였다. (단, 실지재고조사법을 적용한다.)
3월 8일 : 상품 중 일부를 ₩6,000에 현금으로 판매하였다.
4월 1일 : 20X1년 4월 1일부터 20X2년 3월 31일까지의 보험료 ₩1,000을 지급하였다.
7월 1일 : 20X2년 6월 30일까지 서비스를 제공하기로 하고 ₩500을 수취하였다.
10월 1일 : 은행에서 ₩5,000을 차입하였다. 이자율은 10%이며 매년 9월 30일 후급 조건이다.
10월 14일 : 여유자금으로 주식 1주를 ₩2,000에 취득하여 FVPL금융자산으로 분류하였다.
12월 31일 : 기말재고자산 실사결과 기말재고자산은 ₩750이다.
12월 31일 : FVPL금융자산의 공정가치는 ₩2,200이다.

물음 1) 기중거래를 회계처리하시오.
물음 2) 수정전시산표를 작성하시오. (단, 계정별원장은 생략하시오.)
물음 3) 기말수정분개를 하시오.
물음 4) 수정후시산표를 작성하고, 손익계정을 마감하시오.
물음 5) 재무상태표와 포괄손익계산서를 작성하시오.

예제 15-1 | 풀이

물음 1)

기중거래에 대한 회계처리는 다음과 같다.

20X1. 1. 1	(차)	현금	10,000	(대)	자본금		5,000
					주식발행초과금		5,000
20X1. 1. 5	(차)	건물	2,000	(대)	현금		2,000
20X1. 2. 5	(차)	매입	4,000	(대)	현금		4,000
20X1. 3. 8	(차)	현금	6,000	(대)	매출		6,000
20X1. 4. 1	(차)	선급비용	1,000	(대)	현금		1,000
20X1. 7. 1	(차)	현금	500	(대)	선수수익		500
20X1.10. 1	(차)	현금	5,000	(대)	차입금		5,000
20X1.10.14	(차)	FVPL금융자산	2,000	(대)	현금		2,000

물음 2)

수정전시산표는 다음과 같다.

	(차변)	(대변)
현금	₩21,500	₩9,000
건물	2,000	
선급비용	1,000	
매입	4,000	
FVPL금융자산	2,000	
선수수익		500
차입금		5,000
자본금		5,000
주식발행초과금		5,000
매출		6,000
합계	₩30,500	₩30,500

물음 3)

기말결산 회계처리 (수정분개)는 다음과 같다.

20X1.12.31	(차)	감가상각비	200	(대)	감가상각누계액	200
	(차)	기말재고 매출원가	750 3,250	(대)	매입	4,000
	(차)	보험료	750	(대)	선급비용	750
	(차)	선수수익	250	(대)	매출	250
	(차)	이자비용	125	(대)	미지급이자	125
	(차)	FVPL금융자산	200	(대)	FVPL평가이익	200

물음 4)

수정후시산표는 다음과 같다.

	(차변)	(대변)
현금	₩21,500	₩9,000
매입	4,000	4,000
기말재고	750	
선급비용	1,000	750
건물	2,000	
감가상각누계액		200
FVPL금융자산	2,200	
선수수익	250	500
미지급이자		125
차입금		5,000
자본금		5,000
주식발행초과금		5,000
매출		6,250
매출원가	3,250	
감가상각비	200	
보험료	750	
이자비용	125	
FVPL평가이익		200
합계	₩36,025	₩36,025

손익계정 마감 및 이익잉여금 반영

(차)	매출	6,250	(대)	매출원가	3,250
	FVPL평가이익	200		감가상각비	200
				보험료	750
				이자비용	125
				집합손익	2,125
(차)	집합손익	2,125	(대)	이익잉여금	2,125

물음 5)

재무상태표

자산		부채	
현금	₩12,500	선수수익	₩250
재고자산	750	미지급이자	125
선급비용	250	차입금	5,000
건물	2,000	자본	
(감가상각누계액)	(200)	자본금	₩5,000
FVPL금융자산	2,200	주식발행초과금	5,000
		이익잉여금	2,125

포괄손익계산서

매출	₩6,250
매출원가	(3,250)
감가상각비	(200)
보험료	(750)
이자비용	(125)
FVPL평가이익	200
당기순이익	₩2,125

제2절 현금흐름표 작성

(1) 현금흐름표의 의의

현금흐름표(statement of cash flow)는 한 기간 동안 현금및현금성자산이 어떻게 변동되었는가를 보여주는 재무제표이다. 현금흐름표는 현금및현금성자산의 유출과 유입을 영업활동, 투자활동, 재무활동으로 나누어 표시한다. 현금흐름표는 기중의 현금및현금성자산 변동에 대한 정보를 제공하며 다른 주요 재무제표인 재무상태표, 포괄손익계산서, 자본변동표가 제공하는 정보와 상호 보완적인 역할을 한다.

[표 15-2] 현금흐름표의 예시

현금흐름표

I. 영업활동으로 인한 현금흐름		₩1,200
1. 영업활동 현금유입액	2,000	
2. 영업활동 현금유출액	(800)	
II. 투자활동으로 인한 현금흐름		(₩300)
1. 투자활동 현금유입액	700	
2. 투자활동 현금유출액	(1,000)	
III. 재무활동으로 인한 현금흐름		₩600
1. 재무활동 현금유입액	1,500	
2. 재무활동 현금유출액	(900)	
IV. 현금의 증가(감소) (I + II + III)		₩1,500
V. 기초의 현금		2,000
VI. 기말의 현금 (IV + V)		₩3,500

(2) 현금흐름의 분류

현금흐름표는 현금및현금성자산의 유출과 유입을 영업활동, 투자활동, 재무활동으로 나누어 표시한다. 각 활동의 특징은 다음과 같다.

① 영업활동현금흐름

영업활동 현금흐름은 주로 기업의 주요 수익창출활동과정에서 발생한다. 매출로 인한 현금유입이나 매입으로 인한 현금유출, 종업원에 대한 급여 지급 등이 가장 대표적인 예이다. 또한 투자활동이나 재무활동에 포함되지 않는 항목들도 영업활동에 포함한다.

② 투자활동현금흐름

투자활동 현금흐름은 유형·무형자산의 취득과 처분으로 인한 현금유출입, 투자자산의 취득과 처분 등으로 인한 현금유출입 등이 있다.

③ 재무활동현금흐름

재무활동 현금흐름은 주로 자금의 조달과 상환 등과 관련된다. 유상증자로 인한 현금유입, 감자로 인한 현금유출, 자기주식의 취득과 처분, 차입금의 차입과 상환, 사채의 발행과 상환 등이 재무활동에 포함된다.

(3) 현금흐름표 작성

재무상태표와 포괄손익계산서 작성 후 이를 바탕으로 현금흐름표를 작성한다. 현금및현금성자산을 제외한 다른 계정과목의 증감내역을 분석하여 항목별 현금흐름을 파악할 수 있다.

예제 15-2 | 현금흐름표 작성

㈜ABC의 20X1년 재무상태표와 20X1년 포괄손익계산서는 다음과 같다.

재무상태표

	기초	기말		기초	기말
현금	10,000	17,200	미지급이자	100	50
매출채권	5,000	6,000	미지급급여	900	1,150
재고자산	5,000	4,500	매입채무	6,000	5,500
건물	30,000	35,000	차입금	10,000	12,500
감가상각누계액	(10,000)	(9,000)			
			납입자본	20,000	30,000
			이익잉여금	3,000	4,500

포괄손익계산서

매출	₩20,000
매출원가	(15,000)
급여	(2,000)
감가상각비	(1,000)
이자비용	(800)
유형자산처분이익	500
당기순이익	₩1,700

현금흐름표 작성을 위한 추가자료는 다음과 같다.

(1) 모든 매출과 매입은 외상으로 이루어진다. 또한 대손은 발생하지 않는다.
(2) 주식의 액면가액은 주당 ₩500이며, 당기중 10주를 주당 ₩1,000에 유상증자하였다.
(3) 당기 중 ₩10,000의 유형자산을 현금취득 하였다. 당기 중 취득원가 ₩5,000, 감가상각누계액 ₩2,000인 유형자산을 현금 ₩3,500에 처분하였다.
(4) 당기 중 현금배당 ₩200을 지급하였다.
(5) 당기 중 차입한 차입금은 ₩10,000, 상환한 차입금은 ₩7,500이다.
(6) 이자지급은 영업활동, 배당금지급은 재무활동으로 분류한다.

예제 15-2 | 풀이

⟨매출채권 분석⟩

	기초	+	증가	=	감소	+	기말
매출채권	5,000		외상매출 20,000		회수 19,000		6,000

매출로 인한 현금유입 = ₩19,000

⟨재고자산/매입채무 분석⟩

	기초	+	증가	=	감소	+	기말
재고자산	5,000		매입 14,500		매출원가 15,000		4,500
매입채무	6,000		외상매입 14,500		지급 15,000		5,500

매입으로 인한 현금유출 = (₩15,000)

⟨건물 분석⟩

	기초	+	증가	=	감소	+	기말
건물	30,000		취득 10,000		처분 5,000		35,000
감가상각누계액	10,000		감가상각비 1,000		처분 2,000		9,000

건물취득으로 인한 현금유출 = (₩10,000)
건물처분으로 인한 현금유입 = 3,000 + 500 = ₩3,500

⟨미지급급여 분석⟩

(차)	급여		2,000	(대)	미지급급여	250
					현금	1,750

급여로 인한 현금유출 = (₩1,750)

⟨미지급이자 분석⟩

| (차) | 이자비용 | 800 | (대) | 현금 | 850 |
| (차) | 미지급이자 | 50 | | | |

이자지급 = (₩850)

⟨차입금 분석⟩

	기초	+	증가	=	감소	+	기말
차입금	10,000		차입 10,000		상환 7,500		12,500

차입금차입으로 인한 현금유입 = ₩10,000
차입금상환으로 인한 현금유출 = (₩7,500)

⟨납입자본 분석⟩

	기초	+	증가	=	감소	+	기말
납입자본	20,000		유상증자 10,000				30,000

유상증자로 인한 현금유입 = ₩10,000

⟨이익잉여금 분석⟩

	기초	+	증가	=	감소	+	기말
이익잉여금	3,000		당기순이익 1,700		현금배당 200		4,500

배당으로 인한 현금유출 = (₩200)

	현금흐름표	
영업활동현금흐름		₩1,400
매출로인한현금유입	19,000	
매입으로인한현금유출	(15,000)	
급여지급	(1,750)	
이자지급	(850)	
투자활동현금흐름		(₩6,500)
건물취득	(10,000)	
건물처분	3,500	
재무활동현금흐름		₩12,300
차입금차입	10,000	
차입금상환	(7,500)	
유상증자	10,000	
현금배당	(200)	
현금의 증가		₩7,200
기초현금		10,000
기말현금		₩17,200

CHAPTER

현재가치와 미래가치 계산

01 | 미래가치계수
02 | 연금의 미래가치계수
03 | 현재가치계수
04 | 연금의 현재가치계수

Accounting Principle for CPA&CTA

01 미래가치계수

n/i	1%	2%	3%	4%	5%	6%	7%	8%	9%	10%	11%	12%
1	1.0100	1.0200	1.0300	1.0400	1.0500	1.0600	1.0700	1.0800	1.0900	1.1000	1.1100	1.1200
2	1.0201	1.0404	1.0609	1.0816	1.1025	1.1236	1.1449	1.1664	1.1881	1.2100	1.2321	1.2544
3	1.0303	1.0612	1.0927	1.1249	1.1576	1.1910	1.2250	1.2597	1.2950	1.3310	1.3676	1.4049
4	1.0406	1.0824	1.1255	1.1699	1.2155	1.2625	1.3108	1.3605	1.4116	1.4641	1.5181	1.5735
5	1.0510	1.1041	1.1593	1.2167	1.2763	1.3382	1.4026	1.4693	1.5386	1.6105	1.6851	1.7623
6	1.0615	1.1262	1.1941	1.2653	1.3401	1.4185	1.5007	1.5869	1.6771	1.7716	1.8704	1.9738
7	1.0721	1.1487	1.2299	1.3159	1.4071	1.5036	1.6058	1.7138	1.8280	1.9487	2.0762	2.2107
8	1.0829	1.1717	1.2668	1.3686	1.4775	1.5939	1.7182	1.8509	1.9926	2.1436	2.3045	2.4760
9	1.0937	1.1951	1.3048	1.4233	1.5513	1.6895	1.8385	1.9990	2.1719	2.3580	2.5580	2.7731
10	1.1046	1.2190	1.3439	1.4802	1.6289	1.7909	1.9672	2.1589	2.3674	2.5937	2.8394	3.1059
11	1.1157	1.2434	1.3842	1.5395	1.7103	1.8983	2.1049	2.3316	2.5804	2.8531	3.1518	3.4786
12	1.1268	1.2682	1.4258	1.6010	1.7959	2.0122	2.2522	2.5182	2.8127	3.1384	3.4985	3.8960
13	1.1381	1.2936	1.4685	1.6651	1.8857	2.1329	2.4099	2.7196	3.0658	3.4523	3.8833	4.3635
14	1.1495	1.3195	1.5126	1.7317	1.9799	2.2609	2.5785	2.9372	3.3417	3.7975	4.3104	4.8871
15	1.1610	1.3459	1.5580	1.8009	2.0789	2.3966	2.7590	3.1722	3.6425	4.1773	4.7846	5.4736
16	1.1726	1.3728	1.6047	1.8730	2.1829	2.5404	2.9522	3.4259	3.9703	4.5950	5.3109	6.1304
17	1.1843	1.4002	1.6529	1.9479	2.2920	2.6928	3.1588	3.7000	4.3276	5.0545	5.8951	6.8660
18	1.1962	1.4283	1.7024	2.0258	2.4066	2.8543	3.3799	3.9960	4.7171	5.5599	6.5436	7.6900
19	1.2081	1.4568	1.7535	2.1069	2.5270	3.0256	3.6165	4.3157	5.1417	6.1159	7.2633	8.6128
20	1.2202	1.4860	1.8061	2.1911	2.6533	3.2071	3.8697	4.6610	5.6044	6.7275	8.0623	9.6463

02 연금의 미래가치계수

n/i	1%	2%	3%	4%	5%	6%	7%	8%	9%	10%	11%	12%
1	1.0000	1.0000	1.0000	1.0000	1.0000	1.0000	1.0000	1.0000	1.0000	1.0000	1.0000	1.0000
2	2.0100	2.0200	2.0300	2.0400	2.0500	2.0600	2.0700	2.0800	2.0900	2.1000	2.1100	2.1200
3	3.0301	3.0604	3.0909	3.1216	3.1525	3.1836	3.2149	3.2464	3.2781	3.3100	3.3421	3.3744
4	4.0604	4.1216	4.1836	4.2465	4.3101	4.3746	4.4399	4.5061	4.5731	4.6410	4.7097	4.7793
5	5.1010	5.2040	5.3091	5.4163	5.5256	5.6371	5.7507	5.8666	5.9847	6.1051	6.2278	6.3529
6	6.1520	6.3081	6.4684	6.6330	6.8019	6.9753	7.1533	7.3359	7.5233	7.7156	7.9129	8.1152
7	7.2135	7.4343	7.6625	7.8983	8.1420	8.3938	8.6540	8.9228	9.2004	9.4872	9.7833	10.0890
8	8.2857	8.5830	8.8923	9.2142	9.5491	9.8975	10.2598	10.6366	11.0285	11.4359	11.8594	12.2997
9	9.3685	9.7546	10.1591	10.5828	11.0266	11.4913	11.9780	12.4876	13.0210	13.5795	14.1640	14.7757
10	10.4622	10.9497	11.4639	12.0061	12.5779	13.1808	13.8165	14.4866	15.1929	15.9374	16.7220	17.5487
11	11.5668	12.1687	12.8078	13.4864	14.2068	14.9716	15.7836	16.6455	17.5603	18.5312	19.5614	20.6546
12	12.6825	13.4121	14.1920	15.0258	15.9171	16.8699	17.8885	18.9771	20.1407	21.3843	22.7132	24.1331
13	13.8093	14.6803	15.6178	16.6268	17.7130	18.8821	20.1406	21.4953	22.9534	24.5227	26.2116	28.0291
14	14.9474	15.9739	17.0863	18.2919	19.5986	21.0151	22.5505	24.2149	26.0192	27.9750	30.0949	32.3926
15	16.0969	17.2934	18.5989	20.0236	21.5786	23.2760	25.1290	27.1521	29.3609	31.7725	34.4054	37.2797
16	17.2579	18.6393	20.1569	21.8245	23.6575	25.6725	27.8881	30.3243	33.0034	35.9497	39.1900	42.7533
17	18.4304	20.0121	21.7616	23.6975	25.8404	28.2129	30.8402	33.7502	36.9737	40.5447	44.5008	48.8837
18	19.6148	21.4123	23.4144	25.6454	28.1324	30.9057	33.9990	37.4502	41.3013	45.5992	50.3959	55.7497
19	20.8109	22.8406	25.1169	27.6712	30.5390	33.7600	37.3790	41.4463	46.0185	51.1591	56.9395	63.4397
20	22.0190	24.2974	26.8704	29.7781	33.0660	36.7856	40.9955	45.7620	51.1601	57.2750	64.2028	72.0524

03 현재가치계수

n/i	1%	2%	3%	4%	5%	6%	7%	8%	9%	10%	11%	12%
1	0.9901	0.9804	0.9709	0.9615	0.9524	0.9434	0.9346	0.9259	0.9174	0.9091	0.9009	0.8929
2	0.9803	0.9612	0.9426	0.9246	0.9070	0.8900	0.8734	0.8573	0.8417	0.8265	0.8116	0.7972
3	0.9706	0.9423	0.9151	0.8890	0.8638	0.8396	0.8163	0.7938	0.7722	0.7513	0.7312	0.7118
4	0.9610	0.9239	0.8885	0.8548	0.8227	0.7921	0.7629	0.7350	0.7084	0.6830	0.6587	0.6355
5	0.9515	0.9057	0.8626	0.8219	0.7835	0.7473	0.7130	0.6806	0.6499	0.6209	0.5935	0.5674
6	0.9421	0.8880	0.8375	0.7903	0.7462	0.7050	0.6663	0.6302	0.5963	0.5645	0.5346	0.5066
7	0.9327	0.8706	0.8131	0.7599	0.7107	0.6651	0.6228	0.5835	0.5470	0.5132	0.4817	0.4524
8	0.9235	0.8535	0.7894	0.7307	0.6768	0.6274	0.5820	0.5403	0.5019	0.4665	0.4339	0.4039
9	0.9143	0.8368	0.7664	0.7026	0.6446	0.5919	0.5439	0.5003	0.4604	0.4241	0.3909	0.3606
10	0.9053	0.8204	0.7441	0.6756	0.6139	0.5584	0.5084	0.4632	0.4224	0.3855	0.3522	0.3220
11	0.8963	0.8043	0.7224	0.6496	0.5847	0.5268	0.4751	0.4289	0.3875	0.3505	0.3173	0.2875
12	0.8875	0.7885	0.7014	0.6246	0.5568	0.4970	0.4440	0.3971	0.3555	0.3186	0.2858	0.2567
13	0.8787	0.7730	0.6810	0.6006	0.5303	0.4688	0.4150	0.3677	0.3262	0.2897	0.2575	0.2292
14	0.8700	0.7579	0.6611	0.5775	0.5051	0.4423	0.3878	0.3405	0.2993	0.2633	0.2320	0.2046
15	0.8614	0.7430	0.6419	0.5553	0.4810	0.4173	0.3625	0.3152	0.2745	0.2394	0.2090	0.1827
16	0.8528	0.7285	0.6232	0.5339	0.4581	0.3937	0.3387	0.2919	0.2519	0.2176	0.1883	0.1631
17	0.8444	0.7142	0.6050	0.5134	0.4363	0.3714	0.3166	0.2703	0.2311	0.1978	0.1696	0.1456
18	0.8360	0.7002	0.5874	0.4936	0.4155	0.3503	0.2959	0.2503	0.2120	0.1799	0.1528	0.1300
19	0.8277	0.6864	0.5703	0.4746	0.3957	0.3305	0.2765	0.2317	0.1945	0.1635	0.1377	0.1161
20	0.8195	0.6730	0.5537	0.4564	0.3769	0.3118	0.2584	0.2146	0.1784	0.1486	0.1240	0.1037

04 연금의 현재가치계수

n/i	1%	2%	3%	4%	5%	6%	7%	8%	9%	10%	11%	12%
1	0.9901	0.9804	0.9709	0.9615	0.9524	0.9434	0.9346	0.9259	0.9174	0.9091	0.9009	0.8929
2	1.9704	1.9416	1.9135	1.8861	1.8594	1.8334	1.8080	1.7833	1.7591	1.7355	1.7125	1.6901
3	2.9409	2.8839	2.8286	2.7751	2.7233	2.6730	2.6243	2.5771	2.5313	2.4869	2.4437	2.4018
4	3.9020	3.8077	3.7171	3.6299	3.5460	3.4651	3.3872	3.3121	3.2397	3.1699	3.1025	3.0374
5	4.8534	4.7135	4.5797	4.4518	4.3295	4.2124	4.1002	3.9927	3.8897	3.7908	3.6959	3.6048
6	5.7955	5.6014	5.4172	5.2421	5.0757	4.9173	4.7665	4.6229	4.4859	4.3553	4.2305	4.1114
7	6.7282	6.4720	6.2303	6.0021	5.7864	5.5824	5.3893	5.2064	5.0330	4.8684	4.7122	4.5638
8	7.6517	7.3255	7.0197	6.7327	6.4632	6.2098	5.9713	5.7466	5.5348	5.3349	5.1461	4.9676
9	8.5660	8.1622	7.7861	7.4353	7.1078	6.8017	6.5152	6.2469	5.9953	5.7590	5.5371	5.3283
10	9.4713	8.9826	8.5302	8.1109	7.7217	7.3601	7.0236	6.7101	6.4177	6.1446	5.8892	5.6502
11	10.3676	9.7869	9.2526	8.7605	8.3064	7.8869	7.4987	7.1390	6.8052	6.4951	6.2065	5.9377
12	11.2551	10.5753	9.9540	9.3851	8.8633	8.3838	7.9427	7.5361	7.1607	6.8137	6.4924	6.1944
13	12.1337	11.3484	10.6350	9.9857	9.3936	8.8527	8.3577	7.9038	7.4869	7.1034	6.7499	6.4236
14	13.0037	12.1063	11.2961	10.5631	9.8986	9.2950	8.7455	8.2442	7.7862	7.3667	6.9819	6.6282
15	13.8651	12.8493	11.9379	11.1184	10.3797	9.7123	9.1079	8.5595	8.0607	7.6061	7.1909	6.8109
16	14.7179	13.5777	12.5611	11.6523	10.8378	10.1059	9.4467	8.8514	8.3126	7.8237	7.3792	6.9740
17	15.5623	14.2919	13.1661	12.1657	11.2741	10.4773	9.7632	9.1216	8.5436	8.0216	7.5488	7.1196
18	16.3983	14.9920	13.7535	12.6593	11.6896	10.8276	10.0591	9.3719	8.7556	8.2014	7.7016	7.2497
19	17.2260	15.6785	14.3238	13.1339	12.0853	11.1581	10.3356	9.6036	8.9501	8.3649	7.8393	7.3658
20	18.0456	16.3514	14.8775	13.5903	12.4622	11.4699	10.5940	9.8182	9.1286	8.5136	7.9633	7.4694

 MEMO

[제3판]
황윤하 회계원리

발행일 1쇄 2023년 12월 30일
발행일 3쇄 2025년 3월 31일

저 자 황 윤 하
발행인 이 종 은
발행처 새 흐 름
 서울특별시 마포구 독막로 295 삼부골든타워 212호
 등록 2014. 1. 21. 제2014-000041호(윤)
전 화 (02) 713-3069
F A X (02) 713-0403
홈페이지 www.sehr.co.kr

ISBN 979-11-6293-447-0(93320)
정 가 15,000원

* 본서의 무단복제행위를 금합니다. 파본은 바꿔드립니다.
* 저자와 협의하여 인지첩부를 생략합니다.